한국의 여자 부자들

한국의 여자 부자들

>> 당신을 30억 자산가로 만드는 여우 재테크

한 정 지음

최근 우리 여성들의 지위가 상당히 높아졌다
는 신문 기사들이 나온다. 예전엔 직장생활을
하다가도 결혼을 하면 그것이 퇴직 사유가 됐
다. 회사에서 기혼 여성은 달가워하지 않았을
뿐만 아니라 가정에서도 그다지 탐탁지 않아 했
기 때문이다. 하지만 최근엔 돈이 있는 집이든
없는 집이든 어엿한 직장이 있는 여성을 며느릿감
으로 선호하고, 자녀를 낳고 나서도 직장을 다니기
를 바란다. 혼자 벌어서는 안 되는 세상이고, 여성
도 자기 일이 있어야 한다는 것이다. 이런 분위기는
과연 언제부터, 어떻게 시작되었을까? 여성의 페미
니즘 운동 때문만은 아닌 것 같은데 말이다.

가장 큰 이유는 IMF 시절에 직장에서 중도 하차한
남자 가장 자리를 여자가 대신하기 시작한 것이 아닐
까 싶다. 집안으로 들어온 남자들 대신 여자들은 집 밖
으로 나서게 되었고, 사회는 남자 가장을 대신해서 직
장에 나오게 된 부인네들을 좀 더 죽은 보수로도 일

할 수 있는 인력으로 만든 것이다. 즉, 여성들이 페미니즘 운동으로 여성의 권리를 찾은 것이라기보다는 경제상황에 의해 집에서 밀려나 사회에 나온 것이라 할 수 있다.

그렇다면 여성 인력이 늘어났으니 사회적인 직급이나 경제적인 수준 또한 그만큼 개선되었을까? 통계청에서 발간한 「통계로 보는 여성의 삶」에 의하면, 최근 여성의 경제활동이 활발해지고 있지만 지위나 임금 수준 등 직업의 질 측면에서는 남성에 비해 상당히 미흡한 것으로 나타났다. 여성취업자 10명 중 4명은 임시·일용직이고, 근로시간은 남성의 96.7% 수준이었지만 임금은 남성의 63%에 불과했다. 하지만 전문직에서의 진출은 활발했다. 절대적 평가를 잣대로 하는 영역, 즉 외무고시나 사법고시 등에서는 여성이 두각을 나타내고 있다.

나의 경우, 시티은행을 시작으로 미래에셋증권을 거쳐 대우증권까지 금융기관에서 종사한 지 11년째이다. 금융업만큼 여성근로자가 많은 직종도 없을 것 같다. 하지만 가장 선진을 달린다는 금융업인데 아직 여성 금융 CEO는 한 명도 없다. 게다가 CEO도 아닌 여자 지점장이라도 나오면 신문에 대문짝만하게 실린다. 여자 지점장도, 여자 팀장도 별로 없고 여자 이사는 외국계가 아니면 본 적이 없는 것 같다. 이렇듯 가장 첨단이면서도 가장 보수적인 곳이 금융업이 아닐까 싶다.

사회에서의 위치만 그런 것도 아니다. 경제적인 것도 마찬가지이다. 우리나라만큼 여자 부자들의 명단을 찾기 어려운 나라도 없다. 재벌의 며느리나 여식들을 제외하고는 여자 부자를 찾아보기가 어려우니 아직도 여성이 사회에서 그리고 경제에서 제대로 인식되는 세상이라고 보긴 이른 감이 있다.

과연 여성의 경제적인 감각이 남성에 비해서 떨어져서 그럴까? 그렇다면 왜 그럴까? 또는 다른 이유가 있는 것은 아닐까? 이러한 궁금증에서 이 책은 시작되었다. 어떤 평가에서도 절대적으로 경제적 평가가 우선시되는 이 사회에서 여성이 제자리를 찾기 위해서는 부자라는 레벨에 같이 합류해야 한다그 생각한다. 그러기 위해서 우선 우리 여성 스스로를 알아야 하고, 같은 여성으로부터 배우는 것이 쉽다. 사회생활을 하든 집에서 가사를 하든 우린 모두 같은 처지이기 때문이다.

코이라는 이름의 관상어가 있다. 일본에서는 많이 기르는 비단 잉어인데, 일반적으로 작은 어항에 기르면 5~8cm 정도 자라지만 좀더 큰 수족관이나 연못에서 기르면 15~25cm, 강물에 풀어두면 90~120cm까지도 자란다고 한다. 우리네 여성들 세계도 이와 마찬가지가 아닐까 싶다. 그저 가족의 굴레 속에 갇혀 종속 관계 속에서 살 수도 있지만, 나름대로 자신의 위치와 경제적 독립을 이루면서 살아 나갈 수도 있는 것이다. 그것을 선택할 수 있는 권리, 그것은 바로 지금, 우리 여성의 손에 달려 있다.

contents
차 례

들어가는 글 _5

제1장 **그녀들이 부자가 되어야 했던 이유**

부자 여자, 가난한 여자 _13

나의 노후는 나만이 책임질 수 있다 _19

돈이 없으면 자녀 교육도 없다 _36

싱글이라면 더욱 긴장해야 한다 _45

제2장 **그녀들을 부자로 만든 몇 가지 것들**

부의 중심이 이동하고 있다 _61

이런 것들이 부자가 되는 데 태클을 건다 _69

착한 여자 콤플렉스 ｜ 과도한 가족 사랑 ｜ 외양 중심의 소비 성향 ｜
'수학에 약하다'는 고정관념

부자가 되는 힘은 이것에서 생긴다 _90

뛰어난 감정 ｜ 멀티태스킹 능력 ｜ 정보 습득을 위한 다양한 루트 ｜
부드러움 속의 카리스마

나를 알고, 우리를 알아야 행복해진다 _106

제3장 그녀들이 부자가 된 이야기

그녀들에겐 분명 특별한 것이 있다 _ 113

발품 팔고 묻는 만큼 돌아온다 _ 115

과감해야 큰 열매를 거둔다 _ 128

내 투자는 내가 책임진다 _ 144

수다는 곧 인맥, 인맥은 곧 힘이다 _ 156

보상과 멘토, 성공을 위한 마침표 _ 171

제4장 그녀들에게서 배우는 실천 지침들

성공과 관련된 실전 다이어리 : 스탠바이~ 액션! _ 187

스탠바이~ 액션! 1. 여자 부자의 모델들을 보고 배우자 _ 192

스탠바이~ 액션! 2. 여자들이여! 자신을 사랑하라 _ 203

스탠바이~ 액션! 3. 여자만의 유전자를 즐겨라 _ 218

스탠바이~ 액션! 4. 엄마 따라 저도 부자 될래요! _ 232

스탠바이~ 액션! 5. 여자 생활 속의 재발견 _ 245

제 1 장

그녀들이 부자가 되어야 했던 이유

부자 여자,
가난한 여자

회사 근처에 유명한 중국집이 있다. 메뉴로는 겨우 짜장면과 사천탕면만 있을 뿐인데도 이 집은 너므나 유명해서 체인도 여러 개 갖고 있다.

처음 누군가로부터 그 집을 소개 받아 짜장면을 함께 먹으면서 들었던 첫 마디가 생각난다. "이 집 사장이 여사장인데, 독신이래. 계속 장사가 잘 안되어서 고생하다가 유부남을 알게 되었는데 그 사람이 이렇게 크게 성공하게 해 줬대."

나는 당연히 그것이 사실인 줄 알았고, 그래서 다른 사람들을 한두 번쯤 그곳에 데리고 가면서 사실 확인 없이 그렇게 이야기 하기도 했던 것 같다. 그런데 얼마 전 전혀 그 내용이 사실무근이라는 것을 알게 되었다. 즉, 사장은 여자였고 결혼도 하지 않았는데, 그것이 주홍글씨가 되어 엉뚱한 소문들을 하나둘씩 낳은 것이었다.

그래서 그럴까. 분명 자신의 힘으로 부자가 된 여자라 해도 우리는 그들이 누구의 며느리, 누구의 딸, 누구의 부인 등이기 때문에 성공했을 가능성이 크다고 지레짐작해 버리는 경향이 많다. 즉, 본인의 힘으로 부자가 되었다기보다는 다른 사람의 힘으로 부자가 되었을 거라고 추측하는 것이다. 그리고 그 과정에서는 흔히 위의 예처럼 엉뚱한 스토리가 덧붙여지곤 한다.

물론 우리나라의 여자 부호들을 알아보면 사실 '뻔할 뻔'자이다. 주식 지분을 토대로 선별한 여자 부자 리스트를 보면 신세계그룹 회장 이명희, 호암미술관장 홍라희, 롯데백화점 부사장 신영자, 호텔신라 이부진, 제일모직 이서현 등으로 이루어져 있다. 다시 말해 삼성그룹가 아니면 롯데그룹가의 여성들인 셈이다. 이처럼 우리나라에서 최고의 여자 부자들로 대접 받고 있는 사람들에게는 거의 '재벌가의 자식 혹은 며느리'라는 꼬리표가 따라붙는 것이 대세이다. 물론 소프트맥스의 정영희 사장이나 버추얼텍의 서지현 사장 등과 같이 자수성가한 여성 부호가 없는 것은 아니다.

얼마 전 중국에서는 한 여성이 중국 제1의 부자로 등재되면서 세간의 이목을 끌었다. 폐지를 재활용하는 사업으로 34억 달러, 우리 돈으로 약 3조 2,700억 원을 번 여성이 중국 최고의 부자라는 것이다. '장인'이라는 이름을 가진 49세의 이 여성은 포장지 제조업체인 주룽즈예의 사장이다. 8남매의 맏딸로 태어나서 이름대로 장인스럽게 비즈니스에 몸담아 부자의 대열에서 당당히 1위를 차지한 그녀는 말 그대로 자수성가했다는 점에서 대단하다는 평가를 받을 만하다. 게다가 미국의 유명한 토크쇼 진행자인 오프라 윈프리나 세계적인 베스트셀러『해리 포터』시리즈의 저자인 영국의 조앤 K. 롤링을 제치고 세계의 여성 중에서도 최고의 부자로 등극했으니, 그 내공은 실로 알아즐 만하다 하겠다.

어쨌든 그럼에도 불구하고 우리는 우리 주변의 부자가 대개 남성일 것이라 생각한다. 여자 부자는 그동안 그 남자 부자들의 며느리, 딸, 부인이어야 가능했기 때문이다. 그런데 이제는 시대가 달라졌다. 가부장적 시대에서, 그리고 여성이 사회에 진출할 기회가 적었던 과거에서 이제는 여성들도 당당히 사회에서 부와 명예를 차지하는 시대가 된 것이다. 2006년 말에는 새롭게 검사직에 오른 사람들 중 여성이 차지하는 비율이 드디어 전체의 10%를 넘어섰다. 또한 CEO로 두각을 나타내는 여성도 늘어나고 있다. 가정에서도 마찬가지이다. 남편보다 큰 돈을 버는 여성들이 많아지고, 또한 남자들이 전업 주부가 되면서 가사를 전담하던 여성과 자리를 바꾸기도 한다. 이렇듯 점점 여성과 남성의 간격이 없어지는 지금 이 시대, 여성들의 경제관념, 그리고 투자관념 역시 그에 발맞추어 변화해야 할 필요가 있다.

여자들은 돈 나갈 일이 많다?

얼마 전 연락을 해 온 한 여성잡지의 기자는 내게 "어떻게 뒷돈을 만드느냐?"는 질문을 던졌다. 그달의 주제가 '뒷주머니 만드는 방법'이어서, 어떤 뒷주머니를 만들 것이며 또 얼마나 모아 놓았는지, 그리고 어떤 방법으로 만드는 것이 고단수인지 등등을 설문으로 물어본다고 했다. 특히 나처럼 재테크 컨설팅을 업으로 하는 사람은 분명 비자금 모으기에도 능할(?) 것이라나. 어쨌거나 대부분 예전에는 '비자금'이라 하면 '남편이 가진 다른 주머니'를 뜻할 가능성이 높았다. 하지만 요즘에는 여성들 역시 사회에 많이 진출하고, 또 남자들 못지않게 활발히 사회생활을 하면서 뒷주머니가 필요해졌다.

물론 그 이전에도 "여자들도 딴 주머니가 있어야 돼"라고 우리 어머니들이 말씀하시기는 했다. 예전의 어머니 시대의 여자는 일단 시집을 오고 나면 친정과는 인연을 끊다시피 하고 살았다. 그러다 보니 남편이 벌어오는 너무나 뻔한 월급이나 남편이 쥐어 주는 돈 외에는 급한 일이 생겼을 때 유용하게 쓸 비상금 등이 생길 수가 없었다. 설사 있었다 하더라도 그것은 친정에서 시집올 때 조금 챙겨 줬던 돈이 전부였을 것이니, 여자들은 더욱 더 뒷주머니가 필요할 수밖에 없었다. 뻔할 뻔자 수준인 남편의 월급을 어떻게든 더 아껴서 비자금을 마련해 놓고 혹시나 모를 일에 대비하기 위해서이다. 그러다 보니 여자들의 비자금은 아이들 대학 학비를 낼 때나 집을 살 때 등등 남자들에 비해 바람직한(?) 곳에 쓰이는 경우가 많다.

그러나 이제는 그런 이유 외에도 비자금을 모을 이유가 너무나 많아진 세상이 되었다. 맞벌이 부부의 경우 서로 각자의 일에서 얻는 각자의 수입이 있고, 부부가 같이 생활비를 내놓고 쓰면서 각각의 가정대소사에 대한 결정을 나리게 된다. 그러다 보면 서로 약속하고 정해 놓은 금액보다 더욱 닳은 돈이 들어가는 경우도 생긴다. 두 사람 모두 돈을 벌어들이다 보니 각자의 부모나 형제들의 대소사에 더욱 신경을 쓰게 되기 때문이다. 일반적인 경조금이나 부조금이 아니더라도 결혼 전에 부모님께 했던 것처럼 용돈이 더 나가야 할 때도 있고, 형제들의 결혼에 부부가 같이 의견을 맞추었던 금액보다 더 내놓고 싶을 때도 있다.

그러나 여성의 사회진출이 늘었다고는 해도 우리의 의식까지 그렇게 된 것은 아니다. 시집을 오면 남편 집안의 귀신이 되어야 하는 의식구조까지 변화한 것은 아니라는 뜻이다. 그러다 보니 시댁 식구들에겐 좀 더 당연하고 여유롭게 쓰게 되는 것과는 달리, 아직까지는 소득이 있는 여성이라 하더라도 친정 부모에게 돈을 쓰게 되는 경우 마음이 조금은 편치 않은 것이 사실이다. 집을 구입할 때에도 예전에는 남편의 명의로 하는 것이 당연했지만 요즘은 서로의 공헌도를 따져 공동명의로 하는 경우가 많다. 이럴 때에는 제아무리 주부가 열심히 남편이 갖다 주는 월급을 잘 모았다고 하더라도 인정받지 못하는 경우가 아직은 많은데, 이를 위해서라도 비자금은 필요해지는 법이다. 간혹 남편의 생일날 남편을 깜

짝 놀라게 할 선물을 주고 싶을 수도 있고, 아이와 약속한 특별한 선물을 할 수도 있을 것이기 때문이다.

맞벌이 부부인 K과장은 회사에서 중간 정산한 퇴직금을 지급 받았다. 그녀는 퇴직금의 거의 전부를 집에 생활비로 내놓았지만 그중 500만 원은 지금까지 회사에 다녔던 공로 아닌 공로를 남편에게 인정해 달라고 하며 따로 빼 놓았다. 남편도 같은 직장인으로서 10년 이상 아이를 키우면서도 직장 생활을 하며 경제적 부담도 함께해 준 부인이 무척 고마웠기에 흔쾌히 동의했다. 그 또한 중간 정산한 퇴직금을 받게 되면 일부는 자신을 위해서 쓰고 싶을 것도 같았다.

K과장은 그 돈으로 무엇을 할까 고민하다가 250만 원으로 한 리더십 센터의 '리더를 위한 워크샵' 과정을 신청했다. 인생에 대해서 다시 생각해 보고 자신이 다니는 직장에서 좀더 나은 인재가 되기 위해서 말이다. 10년쯤 다니다 보면 사실 매너리즘에 빠질 수밖에 없는 현실에서 그녀는 어떤 새로운 동기를 찾고 싶었다. 그리고 나머지 250만 원은 좀 더 나중에 필요해질 때를 위해서 비자금으로 키우기로 했다. 그래서 그녀는 일부는 친정 남동생 결혼식 때 내놓기 위해서, 일부는 자신을 위해서, 일부는 뜻하지 않은 일에 대비하기 위해서 등 250만 원을 세 가지의 금융상품에 나누어 예치했다. 비자금을 유흥비 등으로 쓰는 남자들에 비해서 도움 받을 곳이 없는 싱글의 경우는 싱글대로, 또 K과장처럼 맞벌이인 경우에도 여자들의 돈 들어가는 명분은 이처럼 무궁무진하다.

나의 노후는
나만이
책임질 수 있다

외벌이 부부의 남편이 일찍 죽을 가능성은?

일반적으로 보험사 광고들은 사람의 감정을 움직인다. 삶을 이야기하고 죽음을 이야기하기 때문이다. 얼마 전에 전파를 탔던 광고 중 남자들 입에 오르내리는 것이 하나 있으니, 바로 P사의 보험 광고이다. 아내와 어린 딸아이를 하나 두고 남편이 갑작스런 사고로 죽은 이후의 상황을 광고로 만든 것인데, 광고 화면은 이렇다. 여자아이와 함께 부인은 너무나 밝게 웃으면서 열심히 세차를 하고 있다. 아파트도 아닌 정원이 달린 단독주택에서 말이다. 화면에는 '남편이 죽자 보험금 10억을 탔다'는 문구가 등장한다. 두 모녀에게서는 힘들어 보이는 기색이나 그림자를 볼 수 없다. 이어 너무나 듬직한 한 남자가 등장한다. 바로 '보험사 직원'인데, 그는 남편의 사망과 함께 닥쳐온 모녀의 생활고를 보험료로 해결해 주는 것은 물론, 그들의 마음의 상처까지 치유해 줄 사람처럼 보인다.

이런 보험사 광고가 왜 사람들 입에 오르내릴까? 분위기 때문이다. 왠지 보험사 직원과 부인은 너무나 다정스러워 보인다. 동성의 직원이었다면 그런 느낌이 안 들었을 수도 있는데 보험사 직원은 남자이고 부인은 남편을 잃었다. 그런 점에서 "남편이 죽고 나서 보험사 직원이랑 눈이 맞은 게지"라는 사람들의 반응이 나오는 것도 이상한 것만은 아니다.

그런데 이런 상황을 남의 일이라고 치부하며 웃을 수만은 없는 것이 현실이다. 요즘처럼 자동차 많고 질병 많은 세상에서 누가 뜻하지 않게 죽지 않으리라 장담할 수 있겠는가. 열심히 사회생활을 하다 보면 남들보다 교통사고나 상해로 죽을 가능성 또한 높아질 수밖에 없다. 험하고 환경이 안 좋은 곳에 있다 보면 질병으로 사망할 확률 역시 높아지는 것이 당연하다. 현대를 사는 사람들은 그런 위험에 항상 직면해 있다. 그러므로 아내보다는 바깥생활을 많이 하는 남편이 먼저 세상을 뜰 가능성이 훨씬 높을 수밖에 없는 것이다.

그런 갑작스러운 사고가 아니더라도 일반적인 경우, 남자의 평균 수명은 여자의 평균 수명보다 짧다. 2005년의 한 조사에 따르면 여자의 평균 수명이 80.8세인 것에 비해 남자는 73.9세이다. 즉, 같은 나이에 결혼했다고 치면 남편이 아내보다 7년 일찍 죽는 것이다. 게다가 우리나라는 일반적으로 연상의 남자가 연하의 여성과 커플을 이루는 사회인데, 그렇다면 4살 연상남과 결혼한 여자의 경우, 남편의 사후 11년 동안 무엇으로 먹고 살아야 한단 말인가. 어찌 보면 요즘 연하남·연상녀 커플은 이런 통계를 잘 꿰뚫고 있는, 경제적으로 좀더 여유로운 부부라 하겠다.

남편과 자식을 건사하느라 정작 자신의 노후 문제는 생각지도 못한 채 남편이 사망한 후에 심각한 위기의 현실과 맞닥뜨린 할머니들을 주변에서 흔히 볼 수 있다. 실제로 노인 생활 실태조사에 따르면 여성 노인의 70.1%가 노후 계획에 대한 준비가 전혀 없다고 한다. 이들 중 한 달 용돈이 10만 원 이상인 할머니는 45% 정도이고, 나머지는 5만 원도 채 안되며, 그중 용돈이 1만 원 이하인 할머니 또한 전체의 6%나 된다고 한다.

얼마 전, 소개를 받았다면서 얼굴에 핏기 하나 없는 부인이 찾아오셔서 자신의 사정을 말하기 시작하는데 정말 딱하기 그지없었다. 그분은 이제사 40대이고 초·중·고등학교에 다니는 아이들이 한 명씩 있다. 그중 하나는 미국 유학 중이었고, 또 다른 아이 하나도 곧 미국에 유학을 갈 예정이었다. 하지만 남편은 갑작스런 폐암 판정을 받고 나서 1년 동안 앓다가 결국 사망했다. 그 1년 동안 부인은 한참 일할 젊은 나이의 남편을 살리고자 각고의 노력을 했으나 방법이 없었다. 그 바람에 보험금에서 탄 돈뿐만 아니라 그동안 모아 놓은 돈들도 대부분 치료비에 들어갈 수밖에 없었고, 비쩍 마른 몸이 말해주듯 부인은 온갖 가슴앓이는 다 한 듯 보였다.

그녀는 월급쟁이인 남편이 월급을 꼬박꼬박 갖다 주면 남들이 그것을 부동산으로 불리고 주식으로 불리고 할 때 그냥 열심히 저축만 했다고 말했다. 당신은 그런 것들은 할 줄 모르고, 아이들 셋을 키우는 재미와 살림하는 재미로 정말 열심히 내조만 했다는 것이었다.

결국 남편이 죽은 후 1년이 되어 정신을 차리고 보니, 더 이상은 평범히 살아갈 상황이 아니란 것을 알았단다. 즉, 자산이라 해도 압구정동에 살고 있는 아파트 한 채가 전부였고, 금융자산도 큰 금액이 아닌, 생활을 유지할 정도의 그저 그런 수준이었다. 대출을 끼고서라도 상가 한 채 살 수 있는 돈은 안되고, 아이들 유학은 계속 유지는 해야겠고, 앞으로도 돈은 계속 들어가겠고, 본인도 아이들 독립 후에도 살아야겠고, 부인의 고민은 이만저만이 아니었다. 1년간은 남편 살려 보겠다고 이리 뛰고 저리 뛰느라 비쩍 마르고, 남편이 죽고 나서 1년간은 믿을 수 없는 현실에 멍하게 지냈는데, 앞으로는 어떻게 해야 먹고 사는 것뿐만 아니라 아이들까지 건사할 수 있겠냐는 것이 그녀의 고민이었다. 현모양처로서 너무나 착하게 그리고 성실하게 살아왔는데도 이러한 불행이 닥쳤으니, "앞으로는 좀 더 독하게 살아야겠다"면서 금융 및 투자와 관련된 공부를 하러 왔다는 것이 그녀의 딱한 사정이었다. 그래서 과연 금융으로 10%의 수익률 정도는 유지할 수 있겠는가 아니면 부동산을 지금이라도 정신없이 다녀서 임대수익이 나올 곳을 찾아봐야 하는가 등등 지금까지는 해 보지 않았던 여러 가지 고민들을 갑작스럽게 해야만 했던 것이다.

그러므로 젊을 때이든 아니면 할머니가 되었을 때이든 간에 여성이 남편 없이 홀로 남았을 때 심각한 위기 상황을 겪지 않기 위해서는 남편 없이 홀로서기를 할 수 있는 재테크가 선행되어야 한다.

말세의 이혼율, 나는 해당사항 없다? ▮

얼마 전까지 방영되었던 일일 드라마 중에 「나쁜 여자 착한 여자」가 있다. 남편 A와 부인 A´가 부부, 남편 B와 부인 B´가 또 한 부부이다. 남편 A와 부인 B´는 모두 의사이고 서로 사랑하는 사이이다. 또한 착한 여자 역의 A´는 집안에서 치매에 걸린 시할머니를 모시면서 홀시어머니와 자기가 낳지도 않은 딸을 위해서 한 몸을 기꺼이 희생한다. 하지만 남편 A는 집에서 일만 하는 착한 여자 A´는 아랑곳하지 않고 오로지 남의 부인이 된 B´만을 사랑한다. 드라마는 결국 A와 A´가 재결합하는 해피엔딩으로 끝났지만, 만약 A와 A´가 끝내 이혼해야 했다면 우리의 희생녀 착한 여자 A´는 결국 '직업/소득 없는 이혼녀'가 될 가능성이 너무나 크다.

하지만 요즘 드라마는 여기서 그치지 않는다. 여기저기에서 불륜을 다루고, 「사랑과 전쟁」이라는 프로그램에서는 매번 "4주 뒤에 뵙겠습니다"라며 이혼 위기에 봉착한 부부들을 다룬다. 이처럼 사랑해서 결혼했으되 전쟁 같은 결혼생활의 꼬인 실을 풀어나

가는 여러 가지 이야기들, 그리고 더 꼬이는 이야기들이 요즘 TV를 장악하고 있다.

그러나 요즘 현대사회도 그에 못지않은 것 같다. 내 주위에도 역시 이혼녀 혹은 이혼남이라는 또 다른 이름을 가진 남녀들이 있으니 말이다. 그들에게도 이혼에 이르기까지 충분한 이유가 있었고 충분한 아픔이 있었다. 결혼을 하고 아이를 낳아 본 나 또한 결혼보다 이혼이라는 것이 얼마나 쉽게 닥칠 수 있는 일인지, 또 얼마나 힘들지를 짐작하기에 그들을 쉽게 내칠 수가 없다.

경제에 따라 30~40대의 이혼율이 움직인다 ▋

최근 재혼한 S씨는 지난 7년이라는 세월을 어떻게 지냈나 스스로 돌이켜 봤다. 아버지가 사업에서 크게 부도를 내는 바람에 부모님 주택뿐만 아니라 자신의 집까지도 경매로 날아갔다. 설상가상으로 충격을 이기지 못한 어머니에게는 중풍이 찾아왔고, 자신역시 직장을 잃었다. 매일의 삶이 마이너스 경제였고, 어머니의 병원비 및 아버지의 부도에 따른 여파는 집안을 풍비박산으로 만들었다.

그러던 어느 날 S씨의 남편은 이혼을 요구했다. 더 이상 친정의 문제로 자신의 가정은 물론 시댁까지 귀찮게 하는 경제적 어려움을 겪고 싶지 않다는 이유에서였다. 적어도 장인어르신의 부도는 자신의 능력 밖이라고도 했다. S씨는 어려운 상황에 처해 있었지만 떠나겠다는 남편을 말릴 정신이 없어 그냥 보내 줬다. 자식도 아직 없으니 빨리 헤어지는 것이 낫다는 남편의 판단을 그냥 수용할 수밖에 없었던 것이다.

이후 S씨는 너무나 힘든 나머지 죽을 결심까지도 해 보았으나 각고의 노력 끝에 재기에 성공했다. '대체 돈이란 무엇인가. 돈이 무엇이기에 이렇게 나를 죽음으로까지 몰아 넣으려 하는가'라는 질문에서 시작해서 그녀는 '돈'에 대해서 파고들었다. 돈에 대한 공부를 하고 돈을 알아갔다. 직장도 구하고 더욱 더 돈에 매진하여 7년이 지난 지금 그녀는 성공했고, 집안을 일으켜 세울 정도는 아니지만 좋은 사람을 다시 만나 백년가약을 맺었다.

이홍재 아주대 경영학과 교수는 「이혼율추이의 거시경제분석」이라는 논문에서 30~40대의 이혼율이 경기 변동에 가장 민감하게 반응한다는 결론을 얻었다고 한다. 이혼율과 경제성장률은 음(−)의 관계, 즉 반대로 움직인다는 것이다. 이는 경제성장률이 낮으면 이혼율이 높아진다는 논리인데, 연령대 별로 분석한 결과 이러한 경향은 특히 30대 후반과 40대 초반에서 가장 크게 나타났다.

30~40대의 이혼율은 좀 더 심각한 편이다. 어린 나이의 미성년 자녀를 가질 나이가 바로 이 연령대의 사람들이기 때문이다. 부모의 이혼을 겪은 어린 나이의 자녀들이 성장했을 때를 상상해 보라. 결국 지속적인 경기 부진이 국가경제의 장기적 성장 잠재력마저 고갈시키는 부작용이 더욱 가중된다는 것이다. 게다가 요즘 무자녀 부부가 늘고 있어 이혼이라는 것이 금기는커녕 문제를 해결

하는 쉬운 방법으로 여겨진다는 것도 무시할 수 없는 이혼율 증가의 한 이유이다.

이처럼 '나에게는 해당사항 없는 일'이라고 치부하기에는 요즘 세상에서 너무나 흔하게 벌어지는 것이 이혼이다. 나중에서야 "지금 아는 것을 그때도 알았더라면"이라며 후회해 봤자 이미 늦는다. 너무 자만할 필요도 없고 너무 걱정할 필요도 없다. 혹시나 모를 일에 대해서만 대비할 수 있다면 좋다는 것이다.

긴 수명 = 늘어나는 병원비와 간병비

젊은 사람들 혹은 건강한 사람들이야 무슨 건강이고, 무슨 간병 걱정이냐고 타박할지도 모르겠다. 하지만 살다 보면 그리고 늙어가다 보면 아프기 마련이다. 그냥 치매에나 걸리면 모를까 간병이라는 단어가 익숙하지 않을 수도 있다. 하지만 앞으로 살날을 계산해 보면 꼭 그렇지만도 않다. 앞서 말했듯이 지금의 30~40대는 100세까지 사는 것을 정설로 생각해도 될 것이다. 그리고 20~30대는 110세까지 살 가능성이 높다. 가면 갈수록 점점 더 길어지는 수명은 행복한 것이라 느껴져야 함에도 불구하고, 55~60세 사이에 정년퇴직을 해야 할 것을 생각하면 솔직히 답답하긴 하다. 일이 없다는 것은 곧 소득이 없다는 것이고, 그렇다면 수입 없이 지속되어야 하는 인생이 45~60년에 가깝다는 뜻이기 때문이다. 물론 남들보다 일찍 제2의 직업을 갖거나 정년을 걱정하지 않아도 되는 일을 가진 노인일 경우에는 생활비 걱정으로부터 좀 더 자유로울 것이다. 하지만 노인이 되면 아무래도 젊었을 때만큼 최고의 대우를 받으면서 일을 할 가능성은 적어지므로 당연히 소득도 줄어들 수밖에 없다.

이때부터의 가장 큰 적이 바로 질병이다. 소득은 줄어드는 것에 반해 건강 질환과 관련된 비용은 급증하기 마련이기 때문이다. 가장 심각하게 여겨지는 질환이 바로 최대의 병원비를 쓰게 만드는 암, 치매 등일 것이다.

최근 나온 암 발생 통계를 보면 우리나라 국민들이 평균 수명까지 살 경우 암에 걸릴 확률은 남자의 경우 3명 중 1명, 여자는 5명 중 1명 꼴인 것으로 나타났다. 보건복지부는 남성 72.8세, 여성 81.1세까지 살 경우 암에 걸릴 확률이 남성이 29%, 여성이 20.2%인 것으로 집계했다. 암 발생의 비중을 살펴보면 남성은 위암, 폐암, 간암, 대장암, 방광암, 식도암 순이었고, 여성의 경우 위암, 유방암, 대장암, 자궁경부암, 폐암, 간암의 순이었다. 또한 65세 이상 연령층에서는 남성의 암 발생률이 여성보다 2.5배 높았고, 15~44세의 연령층에서는 여성의 암 발생률이 남성보다 1.7배 많은 것으로 조사됐다. 보건복지부는 경제협력개발기구(OECD) 국가에서 남성은 전립선암과 대장암 및 폐암, 여성은 유방암, 대장암, 폐암이 대표적인 3대 암임을 감안할 때, 우리의 생활양식이 점차 서구화되고 있음을 생각하면 대장암, 전립선암, 유방암의 증가 속도 역시 가속화될 것으로 내다봤다. 게다가 요즘처럼 여성의 사회진출이 높아지는 때에 여성의 암 증가 속도는 더욱 빨라질 것으로 예상된다. 그러므로 지금부터의 준비가 없다면 건강 질환에 관한 문제는 결코 해결되지 않을 것이다.

세 명의 중년여자들이 이야기를 나누고 있었다.
첫 번째 여자가 먼저 말을 했다.
"요즘 들어 기억력이 부쩍 줄어드는 것 같아. 오늘 아침에 계단 중간에 서서 생각을 했는데, 내가 올라가던 중인지 내려가던 중인지 기억이 안 나더라고."
두 번째 여자도 한몫 거들었다.
"난 더해. 어제 침대에 앉아 있었는데, 내가 자려던 중인지 일어나려던 중인지 기억이 안 났다니까?"
그러자 세 번째 여자가 웃으면서 말했다.
"너희들은 정말 늙었구나. 난 아직도 기억력이 좋아. 이 튼튼한 나무처럼 말이야."
이렇게 말하면서 여자는 테이블을 똑똑 두드렸다. 그러더니 놀란 표정으로 말했다.
"누구세요?"

위의 글은 여성 치매에 관련된 유머로 인터넷에 한때 떠돌던 것이다. 이 책을 읽는 독자들은 이런 유머가 부모님들에게나 해당되는 이야기라 생각할지도 모르겠지만 현재의 추세를 알면 남의 일같지는 않을 것이다. 2006년 10월 국민건강보험공단에서 제출한 자료에 의하면 치매 환자는 꾸준히 늘어나 5년 사이에 벌써 3.2배가 증가했다. 요즘 부모님을 위한 실버보험에 가입하려 할 때 가장 많이 신경이 쓰이는 것이 바로 치매 관련 질환에 대한 보장 여부이다. 덧붙여 여성 치매 환자가 남성에 비해 2배 많다는 현실에 주목할 필요가 있다. 물론 이는 평균 수명이 남성보다 여성이 높기 때문이라고 분석되기는 하지만, 오래 사는 것도 부담스러운데 치매까지 걸린다면 우리의 노후 생활에는 정신적인 스트레스뿐만 아니라 엄청난 비용까지도 뒤따를 것이다.

이렇게 치매를 비롯한 각종 노인성 질환이 늘어나고 있지만, 전문치료 및 요양시설은 턱없이 부족한 실정이다. 게다가 한국노인문제연구소의 조사에 따르면, 노인이 손자와 함께 사는 경우가 1975년에는 78.2%였으나 1996년에는 28.8%로 감소하고 있다는 결과가 나왔다. 또한 혼자 사는 노인은 7.0%에서 53.1%로 증가했다. 이 조사에서 알 수 있듯이 현재 우리나라의 노인은 '버려지고 있다'는 표현을 써도 무방할 것이다.

자녀들이 외국에서 각각 의사와 박사로 활동하고 있는 부유한 가정의 한 할머니가 계셨다. 그런데 부러울 것이 없을 것 같았던 이 할머니가 어느 날부터 보이지 않았다. 동네 사람들은 '어디 다니러 가셨나 보다'라고 생각했는데 하도 오랫동안 할머니가 나타나지 않자 경찰에 신고했다. 마침내 할머니 집의 문을 따고 들어가 보니 할머니는 이미 목숨을 끊은 후였다. 책상 위에 놓여 있는 할머니의 일기장에는 이렇게 적혀 있었다.

"오늘도 아무도 찾아오지 않았다……"

이런 일화는 어디서고 많이 들었을 것이다. 언제부터인가 대가족에서 핵가족으로 가족의 형태가 변하면서, 또 개인주의가 팽배해지며 이런 사건·사고들은 많이 발생하고 있다. 이런 시대의 변화에 가장 적응하지 못하는 것이 바로 노인들이다. 노년기에 접어들면서부터 경제적으로 자립하지 못하고 건강이 악화되며, 의지할 곳이 마땅치 않아 어려운 생활을 하게 되고, 변화하는 사회에 적응하지 못하는 상황 속에서 노인들은 고통스러워한다. 빈고(배고픔), 고독고(외로움), 무위고(할일 없음), 병고(아픔) 등 네 가지 고통으로 요약되는 이러한 노인 문제는 바로 누구에게나 닥칠 수 있는 문제이기도 하다.

게다가 위의 예처럼 남편이 먼저 세상을 뜨고 여명의 생을 영위하는 여성 노인들은 더욱 더 돈에 쪼들린 채, 사랑에 굶주린 채, 그리고 궁극적으로는 4고에 시달리며 살아가다가 죽음을 기다리게 되는 것이다.

연금 내는 사람 ≠ 연금 받는 사람

작년 말 대학 선배들과 모임을 가졌다. 다 같이 이야기하는 가운데 듣는 둥 마는 둥 나의 손과 귀와 눈은 온통 우리 애에게 가 있을 수밖에 없었다. 모임 와중에도 아이에게 밥 한 술 더 먹이랴 나도 먹으랴, 사람들 이야기도 들어가며 말도 하랴, 또 아이의 온갖 호기심 어린 질문에 대답도 하랴 정신이 없었다. 매번 아이와 동행하는 모임에서 느끼는 바이지만 정말이지 이럴 때에는 밥이 입으로 들어가는지 귀로 들어가는지 모를 정도이다.

다들 한참 이야기꽃을 피우다가 결국 우리 애한테로 시선이 왔다. 그날 만난 선배들은 하나같이 나보다 나이 많은 이들이었는데, 결혼한 커플은 우리를 포함해서 겨우 두 커플이고 그중 아이가 있는 커플은 오로지 달랑 우리 부부뿐이었다. "언제 결혼해서 애까지 낳을 거냐"는 내 질문에 40대가 다 된 선배들의 대답은 "글쎄~"가 전부였다. 둘째를 임신하고 있던 내가 "내 뱃속에 있는 애랑 우리 큰애가 선배들 노후를 다 책임지게 생겼네. 여덟 명이 모였는데 다음 세대의 사람들은 아직도 달랑 두 명이니 말이야" 하니 다들 "아하~ 그렇다"며 저출산 문제에 대해 맞장구를 쳤다.

최근 들어 여기저기에서 저조한 한국의 출산율에 대해 시끌벅적 난리가 났다. 어느 정도이고 얼마나 문제가 되기에 그럴까? 1970년에는 생산가능인구 (15~64세) 17.5명당 65세 이상 노인 1명을 부양했으나, 2003년에는 8.6명, 2020년에는 4.7명, 2030년에는 2.8명당 노인 1명을 부양해야 한다고 한다. 이렇게 되면 고령화는 결국 공적 부담으로 연결되어 국민연금과 국민건강보험에 악영향을 미칠 수밖에 없다.

국민연금은 내가 낸 연금을 내가 받는 구조가 아니다. 내가 내는 연금은 지금 연금을 받으시는 어르신들께 가는 것이고, 내가 받을 연금은 나의 자식 세대가 내는 돈에서 나오는 것이다. 즉, 국민연금을 받는 사람은 지속적으로 늘어나는데 출산율이 저조해지면 보험금을 납입하는 사람은 줄어들어 심각한 재정난이 예측되는 것이다. 그래서 얼마 전까지만 해도 '장수하면 좋은 것'이라 여겼던 사고방식이 이제는 '재정 부담'이라는 말과 동의어처럼 받아들여지고 있다.

이처럼 우리나라는 전체적으로 늙어가고 있다. 2004년의 대한민국 평균 연령은 34.8세이지만 2020년이 되면 41.9세, 2050년이 되면 51세가 된다는 자료도 있다. 이에 따르면 우리나라는 30에서 40대가 아닌 50대가 주축이 되는 사회, 즉 거꾸로 선 피라미드(역삼각형) 구조가 될 수밖에 없다. 태어나는 아이는 점점 줄어들고 평균 수명은 길어져서 나이 든 사람들이 많아지는 것이다. 이를 다른 말로 하자면 돈을 벌어들이는 젊은 세대는 줄어들고, 지출을 주로 하는 노인 인구는 늘어난다는 사회적 문제가 발생한다는 뜻이다. 인구학자 폴 엘리스는 이러한 현상이 "정치, 경제, 사회, 문화의 모든 지도를 새로이 그리도록 강요할 정도로 지진과 같은 충격을 준다"고 표현했다. 이는 우리가 무심하다고 해서 잊혀질 수 있는 현상이 아니라, 30대가 60대가 되었을 때 뼈에 사무치게 느낄 수 있는 현실이 될 것이라는 경고 메세지이다.

결국 나의 연금을 내 줄 새로운 세대의 숫자를 보면, '지금 내고 있는 만큼의 연금을 나중에 도로 받을 것'이라는 생각은 꿈으로 그치기 쉬울 것 같다. 우리 세대는 어찌 보면 돈을 내고도 받지 못하는 세대가 될 가능성이 높다. 결국 국민연금에만 노후를 의존할 수도 없는 상황이 되는 것이다. 그뿐이랴. 물가는 점점 높아지고 저금리 기조는 안착이 되어 지금보다 금리가 장기적으로는 낮아질 것이라는데, 노후를 준비하지 않고 어찌 그냥 넘어갈 수 있겠는가 말이다.

어차피 인생무상이다 ▮

올해 초 『한겨레신문』 조정래 칼럼 "어차피 인생무상이다"에 나온 다음의 글을 보자.

출생률 저하 세계 1위, 교통사고 발생률 세계 1위, 이혼율 세계 1위, 사교육비 부담 세계 1위. 이다지도 세계 1위가 많으니 얼마나 자랑스럽고 복된 일인가. 이것이 대한민국이라는 나라의 실태고 우리들의 자화상이다.

조정래씨가 내가 하고 싶은 이야기를 다 한 것 같다. 아프게 대한민국을 꼬집은 저 문장은 솔직히 여성이 반드시 경제관념을 가져야 할 강력한 이유를 말해 주는 것이기도 하다.

출생률 저하 세계 1위. 내가 낸 국민연금조차 받기 어려운 세상이 올 것이니, 꾸준하게 이어질 수입원을 여러 개 만들거나 나의 투자수익률을 높이거나 해서 지금부터 방도를 준비해야 한다.

교통사고 발생률 1위. 외벌이 부부의 경우 사회생활 중인 남편을 먼저 잃을 확률이 높아지고, 맞벌이의 경우는 두 부부 모두 위험에 더욱 노출될 수밖에 없는 것이 현실이다.

이혼율 1위. "질병은 그나마 예고라도 하면서 찾아오지만, 이혼은 어느 날 갑자기 하게 되더라"라는 이야기나, "설마 내가 이혼녀가 될 거라고는 생각지도 못했다"는 이야기 등을 종종 듣는다. 결국 이혼이라는 것은 남의 일로 치부해 버릴 일이나 폭력 등이 있는 문제 가정에서만 발생할 수 있는 일이 아닌 것이다. 그러므로 이혼율 1위인 대한민국에 사는 이상 결혼생활에서 '설마가 사람 잡을 일'이 없기만을 희망해서는 안 될 것이다.

사교육비 1위. 자식들은 사교육비로 단단히 무장시켰는데, 정작 나의 노후는 무엇으로 무장할 것인가? 현재 버는 돈으로는 고스란히 자식 농사 다 지은 후, 부부가 빈털터리가 되어 자식에게 의존하여 살 것인가? 게다가 남편과 사별한 여성 노인들의 경우 생활고가 더욱 더 가중될 것은 불 보듯 뻔한 이야기이다.

그러므로 여성들이여, 인생이 무상해지지 않도록 지금부터 정신 차리고 가계부를 펼쳐 볼 일이다.

돈이 없으면 자녀 교육도 없다

옆집의 사교육비가 우리 집의 한 달 월급? ▮

최근에 한국무역협회가 발간한 「지표로 본 대한민국」이라는 책자에 의하면, 우리나라는 국내총생산(GDP)에서 교육비가 차지하는 비중 면에서 덴마크(7.1%)에 이어 2위(7.03%)에 올랐다. 특히 사교육비가 차지하는 비중(2.96%)은 1위로 나타나 우리나라의 과도한 교육열을 드러낸 바 있다. 싱글의 경우 아직 사교육비 하면, "애들이야 그냥 놀게 하면 되지 무슨 교육이람"이라 할지 모르겠다. 하지만 아이를 낳아 부모가 되고 나면 욕심이 앞서는 것이 인지상정이다. 게다가 요즘에는 한 자녀 가정이 늘다 보니 귀하디귀한 자녀에 대한 교육열은 더 높아져 부모들은 어떤 투자도 마다하지 않는다.

교육과 관련된 비용이 아주 어린 시절부터 필요해진다는 것 또한 중요한 이슈이다. 적어도 지금의 30대들의 어린 시절을 돌이켜 보면, 초등학교를 다니면서 주판 다루는 법을 익히거나 구구단을 배우는 것이 일반적이었고, 영어는 당연히 중학교 때부터 시작하는 것이었다. 하지만 요즘의 실태는 어떤가? 태어나자마자부터가 아닌, 태어나기 전부터 교육을 위한 엄청난 비용이 들어간다. 다음의 예를 살펴보자.

임신부터 시작된 P씨의 지출 프로세스

가. 임신 기간 중 : 각종 초음파와 검사들(요즘의 기형아 검사는 어찌나 그리 종류도 다양한지!)에 따른 병원비가 당연히 들어간다. 산모의 건강을 위해서 요가도 하고, 베이비 마사지도 배운다. 물론 태교를 위해서 모차르트 CD를 사서 듣기도 하고 호두나 잣 등 건강식을 먹는다.

나. 막달일 때 : 온갖 출산용품 리스트에 과문힌다. 그리고 만일을 위해 제대혈을 꼭 신청해 주어야 할 것 같다. 유모차는 부모의 재력을 나타내기 때문에 좀 좋은 것으로 사야 할 것 같고, 카시트도 안정성이 최고인 것으로 사야 한다. 아기방의 벽지와 커튼을 아기방답게 새로 하고 띠지를 두르는 등 꾸밀 수 있는 대로 꾸며 본다.

다. 산후 조리 시기 : 출산 비용 외에도 요즘은 산후조리원비가 보통이 아니다. 점점 더 고급스러워지는 산후조리원의 2주 이용료는 평균 250~300만 원에 달한다. 게다가 2주만 해서는 안 될 것 같아 산후도우미를 2주 정도 쓰면 산후조리 비용은 더 늘어난다.

라. 출산 후 유아 시기 : 이 시기부터는 자녀 교육이 본격적으로 시작된다. 몬테소리나 프뢰벨부터 시작해서 온갖 영재 마케팅에 아기 엄마들은 세뇌 당한다. 하나밖에 없을, 그리고 영재일지도 모를 귀한 우리 아이를 위해서 하루라도 빨리 시작해 줘야 할 것만 같다. 책을 읽어 주는 것으로만 만족할 수는 없다.

또한 과학이면 과학, 수학이면 수학, 자연관찰이면 자연관찰 등 영역별로 다양한 전집들이 필요하니 그것도 사 줘야 한다. 기타 각종 교구들과 가베(은물)들도 엄마들에게 강한 손짓을 한다. 1주일에 한 번 10분가량 진행되는 한글과 영어 방문수업도 신청한다.

마. 놀이방과 유치원 : 요즘은 유치원 중에서도 영어 유치원이 특히 '뜬다.' 영어 유치원을 가지 않더라도 집에서 영어와 관련된 비디오를 사 주든 책을 사 주든 해서, 현재 30대가 중학교 때부터 했던 영어 공부를 요즘 아이들은 학교도 들어가기 전에 시작하게 한다. 옆집 아이 엄마는 중국인 아줌마를 들여서 중국어까지 같이 가르친다고 자랑을 한다.

바. 발레와 영재교육원 : 남자아이들도 몸의 균형을 위해서 스

스럼없이 발레를 배운다. 요리나 음악을 주제로 한 영재교육원도 있다. 물론 이런 교육원에서의 학습이나 전기나 전류를 다루는 과학 공부를 시작하는 시기 역시 6살 무렵이다.

물론 이보다 더하기도 하고 덜하기도 하겠다. 태어나기 전부터 아이에 대한 교육비가 보통을 넘어선 지 오래이다. 책값은 그나마 싼 축에 든다. 싱글들이 들으면 너두 오버라고 할지 모르겠다. 하지만 애 하나쯤 낳은 아기 엄마들은 '몇 개 빼 먹긴 해도 할 수만 (돈만) 있으면 다 하지' 하는 심정이 들 것이다.

절대적 수준을 떠나서 증가율이 크다

문제는 교육 비용만 절대적으로 닳이 든다는 것이 아니라, 해마다 사교육비의 증가율이 높아지고 있다는 것이다. 가정의 수입이 5% 늘어나고 사교육비가 5% 늘어날 때에는 이것이 크게 문제가 되지 않는다. 하지만 가정 수입은 5%가 늘어났는데 사교육비가 10% 늘어난다면 문제는 달라진다. 나머지 5%는 어디서 조달해야 하는지에 따르는 문제가 생기기 때문이다.

이주호 국회의원실에서 2006년 7월부터 9월까지 전국 초·중·고등학교 학생, 학부모, 교사를 대상으로 한 설문조사 결과에 따르면, 지난 2003년 한국교육개발원의 사교육비 조사자료(23만 8천 원)보다 학생 1인당 월평균 사교육비(초·중·고 전체 평균 33만 원)가 9만 2천 원이 늘었고, 고교생인 경우에는 14만 3천 원이 증가(한국개발연구원 2003년 29만 9천 원, 이주호 의원실 조사 2006년 44만 3천 원)한 바, 초·중·고 전체적으로는 30.7%, 고교생의 경우 47.8%라는 엄청난 수준의 사교육비 증가율을 보이고 있었다. 즉, 사교육비의 절대적 금액이 크다는 것도 문제지만 그것이 우리의 물가상승률도 못 따라가고 있는 시중금리의 상승폭보다도 크다는 것이 더욱 문제인 것이다. 이것을 해결하려면 투잡이든 쓰리잡이든 해서 돈을 더 벌거나, 아니면 재테크의 수익률을 높여서 조달을 대신하거나 하는 수밖에 없다.

그러다 보니 아이들 대학교육 때까지 정신없이 사교육비를 쏟아 붓고 나서야 생각해 볼 수 있는 것이 노후자금이다. 요즘은 아이는 늦게 낳고 정년은 빨라지는 추세이다. 결국 아이가 대학에 갔을 땐 이미 소득원이 고갈되는 경우도 종종 볼 수가 있다. 그렇다면 그때 가서 노후자금을 마련한다는 것은 이미 늦어도 한참 늦은 시기의 일이 되어 버린다. 소득원이 있어야 그래도 번 것 중의 일부를 저축할 텐데 소득도 없이 생활비만 까먹고 있는 상황에서 무슨 저축이고 무슨 투자가 가능하겠는가. 그러다 보니 사실 노후자금에 대해 아무런 준비가 되어 있지 않은 가정이 생각보다 많다.

자식 장사가 노후대비?

유우정, 배미경 계명대 소비자정보학과 교수와 권상장 계명대 통상학과 교수는 「노인 가계의 재정비율에 관한 연구」라는 논문에서 "55세 이상 노인 가구의 36%가 매달 소득의 90% 이상을 생활비로 지출하고, 노인 4가구 중 3가구는 소득이 중단될 경우 한 달치 생활비도 마련하기 힘든 것으로 나타났다"고 밝혔다. 또한 이 논문에서는 노인 가구의 91% 이상이 보험, 금융 등을 통해 경제적 위험에 대처할 수 있는 준비가 취약한 것으로 파악됐다. 뿐만 아니라 전 자산으로도 부채를 갚지 못하는 가구가 전체의 18%에 달해 5가구 중 1가구는 만성적인 빚에 허덕이는 것으로 추정됐다.

그렇지만 자식이 있다면 잘되기를 바라는 것이 부모의 심정이고, 가능하다면 최고로 키우고 싶은 것이 부모의 바람이다. 그러다 보니 사교육비의 부담은 결국 남편은 직장에 다니고, 부인도 파출부든 뭐든 해서라도 해결해야 하는 민생고가 되어 버렸다.

하지만 다시 한 번 생각해 보면 사교육비에만 목매달 일은 아니다. 최근 KDI연구위원이 발표한 논문 「사적 소득 이전과 노인소득 보장」에 따르면 1980년에는 자식들로부터의 경제적 지원을 주된 수입원으로 하여 생계를 꾸리는 노인이 72.4%나 됐으나, 2003년에는 31.1%로 크게 줄어들었다. 대신 스스로 일을 해서 생계를 해결한다는 노인은 16.2%에서 30.4%로 늘었다. 자녀의 부양이 줄어들자 직접 일을 해서 생활비를 메우는 것이다. 게다가 지금의 30~40대는 이중고에 처해 있다. 아직까지는 부모를 봉양하는 것을 당연한 의무로 여기는 사회 분위기 때문에 그에 따른 비용을 생활비에서 지출하고 있지만, 정작 나중에 이들이 노인이 되었을 때에는 봉양 받을 수 있는 시대의 분위기가 사라졌을 가능성이 높기 때문이다.

나 또한 우리 아이가 크고 나서 세상이 얼마나 변해 있을지 생각해 본 적이 많다. 아마 그때쯤 되면 아이는 그냥 세계 어디인가에 가서 살다가 어느 날 갑자기 화상으로 "어머니, 저희 결혼해요"라고 말하고 결혼해 버리는 시대가 되지 않을까? 세상이 점점 더 가까워지는 요즘이니 10년 혹은 20년 뒤에는 꼭 한국에 살라는 법도 없을 것이고, 전 세계가 마치 한 나라처럼 여겨져 사람들은 국경 없이 지방 출장 다니듯 다른 국가를 다니며 살지 않을까? 10년 전만 해도 휴대폰을 상상할 수 없는 시대였듯이 앞으로는 더욱 더 발전이 빨라져서 지금으로서는 무슨 일이 어떻게 생길지 상상할 수 없는 미래가 다가올 텐데, 그렇다면 부모 봉양이고 뭐고가 과연 쉽겠는가.

결국 나 그리고 우리 부부의 노후자금은 우리 스스로 준비하지 않으면 안 된다. 그것도 지금 당장 시작해야 할 시급한 상황인 것이다.

동네방네 절약하기

임신을 하면 동네 보건소에 가서 등록을 하자. 값비싼 철분제를 임신 기간 내내 공짜로 준다. 임신 20주부터 분만 전까지 매달 받을 수 있다. 시중 약국에서 사면 적어도 한 달치가 약 2~3만 원이니, 임신 기간 동안 적어도 20~30만 원은 절약할 수 있는 셈이다.

물론 각종 검사들도 공짜로 해 준다. 산전검사 같은 경우 병원에서 하면 15만 원 정도로 비싸지만 보건소에서는 무료이다. 그리그 때마다 해야 하는 다양한 검사들과 함께 초음파와 소변 검사도 공짜로 해 준다. 아이를 낳고 나서 연락을 하면 짱구 베개부터 소소한 선물을 주는 보건소도 있다.

또한 기본적인 접종 같은 것은 보건소를 이용해 블 만하다. 태어난 지 4주 이내에 맞아야 하는 BCG부터 시작해서 결핵, B형 간염, 소아마비, DPT, 홍역 등이 영·유아라면 모두 무료이다. 일반 병원에서 접증하면 적어도 30만 원 정도가 드는데 말이다. 다만 폐구균이라든가 노수막염 같은 선택 접종은 병원에서 해야 한다. 그런 것이 아닌 독감 예방주사 또한 65세 이상은 무료이고 그 밖의 사람들은 일반 병원이 1~3만 원인 데 비해 보건소어서는 3,500~4,000원 정도면 접종해 준다.

최근 각 지방자치단체가 제공하는 출산지원정책도 체크해 볼 필요가 있다. 예를 들어 우리 동네의 동사무소에 둘째 출생 신고를 했더니 전자 체온계를 선물로 받을 수 있었다. 게다가 구청에서는 출산축하금으로 10만 원을 남편 계좌에 입금해 주었다. 하지만 지원 내용과 출산축하금 등은 지역마다 다르다. 거주

지역에서 이루어지는 대한 정확한 출산지원 내용은 보건복지부가 운영하는 아가사랑(www.aga-love.org)에서도 확인이 가능하다.

인터넷카페 등을 뒤져 보면 육아용품도 공짜로 쓸 수 있는 곳이 많다. 각종 분유업체의 사이트(일동후디스, 파스퇴르, 남양분유, 보령메디앙스, 베이비오가닉 등)에 회원으로 가입하면 샘플 등을 서비스로 제공 받는 것은 물론, 이들 사이트에서 개최하고 있는 임신·육아교실을 통해 출산 및 육아 관련 서적이라든가 각종 선물 등을 받을 수도 있다. 또한 육아용품 쇼핑몰에서 기저귀 샘플, 이유식, 화장품 등을 선물로 보내 주기도 한다. 이 외에도 알뜰 아기엄마들의 카페에 가입하면 각종 이벤트와 관련된 정보를 쉽게 접할 수 있어서 더 많은 선물들을 챙길 수 있다.

벌어야만 재테크가 되는 것이 아니다. 이렇듯 최대한 아낄 수 있는 한 아끼는 것이 재테크의 첫걸음임을 잊지 말자.

싱글이라면
더욱 긴장해야 한다

문화소비의 큰손 : 싱글 여성

요즘 여성들은 남성에게 전적으로 의지해서 결혼해서 사는 것보다 자신의 능력을 맘껏 펼칠 수 있는 자기만의 세상을 갖길 원한다. 또한 그런 기회를 위해서 남성들 못지않은 실력을 기르고 사회에서 인정받기를 원한다. 그러다 보니 싱글로 살아가는 여성들이 늘어나고 있다.

나는 사회생활을 하는 많은 남녀들 중 이미 결혼에 대해서 마음이 떠나 있는 사람들을 종종 보곤 한다. 최근 미혼 자녀들을 두신 고객들이 오셔서 하시는 말 중 90% 이상을 차지하는 것이 "우리 자식 결혼 좀 시켜 줘. (시집 혹은 장가를) 도통 안 가려고 해"인 것 같다. 대학 졸업해서 직장을 갖자마자 결혼하는 경우 말고는 결혼할 의사가 점점 더 약해진다는 것이다. 즉, 뭣도 몰랐을 때 하는 것이 결혼이지만 좀 알고 나면, 그리고 사회생활을 하다 보면 결혼보다는 싱글을 더욱 선호하게 되어 결혼한 시기를 놓치게 된다는 것이다. 게다가 요즘 사람들이 툭하면 이혼을 하는 것을 보면서 '이혼할 바에는 차라리 편하게 혼자서 연애나 하며 사는 게 낫겠다'고 생각하는 이들도 많은 것 같다.

특히 여자가 20대 후반에서 30대 초반이 되면 사실 결혼 대상인 남자들의 나이가 부쩍 높아진다. 즉, 중신이 들어오는 남자들의 나이는 35살이 넘는 경우가 많은데, 30대 초반의 여자인 경우에는 이미 사회생활의 경험이 많아 눈 또한 높아져 있는 경우가 많다. 그렇다 보니 중신 상대와는 쉽게 연결되지 않고, 시간이 갈수록 연결되는 것은 점점 더 어려워진다. 또한 어느 정도 자신만의 생활에 익숙해진 여성들은 남성들과 결합하여 낯선 삶을 이루는 것보다는 자신의 공주 같은 삶을 유지하는 것이 더 낫다고도 생각한다. 즉, 주위의 시선이 어떻든 그것에 아랑곳하지 않고 결혼보다는 자신의 삶을 꾸려가겠다는 의지를 가진 여성들이 점차 늘어나고 있는 것이다.

사실 여성들이 남자를 만나서 아이를 낳고 가정을 꾸려가는 삶이 그렇게 꿈처럼 달콤한 것만은 아니다. 직장생활로 자신만의 꿈을 이루어가는 여성이 결혼을 해서 아이를 낳은 후 직장과 가정을 균형 있게 유지한다는 것이 아직까지도 우리 사회에서는 쉬운 일이 아니다. 특히 기성세대로부터 가부장적인 스타일을 학습한 남성을 만났다면 이는 정말 더욱 더 어려워진다. 물론 요즘 남편들이 예전의 남자들에 비해 많이 가정적으로 변했다는 것에는 동감하지만, 그럼에도 불구하고 여성들이 짊어지는 짐을 대폭 낮춰주지 못하는 현실은 여전하다는 것이다. 즉, 남편들이야 직장 나가서 늦게 들어오는 것이 당연해 보이지만 아이, 그것도 어린 아이가 있는 가정에서 부인이 직장일로 매일 늦게 들어온다면 그것을 쉽게 용납할 수 없는 남편들이 아직은 엄연히 존재하는 것이 현실이다. 최근에는 남편이 전업주부로 나서는 경우도 종종 보이지만, 그런 케이스보다는 현실적으로 아직까지 육아와 살림이라는 것에 여자가 발목을 잡혀 자유로울 수 없는 경우가 더욱 많다.

그래서인지 싱글로 살아간다는 것이 어떨 땐 그렇게 부러울 수가 없다. 게다가 요즘에는 '20대 후반~30대 초반의 싱글 여성 모시기'가 문화시장의 전 영역에서 이루어지고 있다. 이 세대의 여성들이 문화산업의 주요 소비고객으로 등장하기 시작했기 때문이다. 이들은 대학을 졸업한 뒤 직장생활을 하는 계층으로 최근 결혼연령이 늦춰지면서 여유로운 경제력을 바탕으로 강력한 소비를 주도하고 있다. 특히 남성들이 여가생활로 골프, 스키 같은 스포츠 분야에 관심을 높이고 있는 데 비해 여성들은 뮤지컬이나 오페라 같은 문화시장 전 영역에서 큰손 노릇을 톡톡히 하고 있다고 한다. 때문에 앞으로 문화소비 주력층으로서 20~30대의 싱글 여성의 힘이 더욱 더 커질 것이라는 것은 쉽게 예상할 수 있다.

게다가 경제력 자립을 이루어 '골드 미스'라 불리는 30대 싱글

woman shop

여성들 또한 한 주류를 이루면서 언론에 다뤄질 정도다. 특히 20대보다는 더욱 경제적 삶의 여유가 있는 이들 30대 여성이야말로 '주요 고객 모시기'의 목표물이 되고 있다. 불과 몇 년 전만 해도 아줌마 혹은 노처녀라고 불리며 콤플렉스의 대상쯤으로 여겨졌던 30대 미혼 여성이 지금은 대중문화계가 주목하는 대상이 된 것이다. 이들의 문화상품 소비가 남성보다 2배 정도 높다고 하니, 특히 30대 여성은 VIP 대접을 받을 수밖에 없는 것이 현실이다.

골드미스의 미래? ▮

나의 고객 중에도 30대의 여성 부자가 있다. 자기가 좋아하는 일에 일찌감치 빠져 사업에 몸담고 일만 열심히 했는데 어느 날 보니 부자가 되어 있더라는 그녀는, 휴일도 없이 새벽부터 밤늦게까지 일하는 자신을 보면 자랑스럽기도 하지만 걱정도 앞선다는 이야기를 했다. 특히 둘째를 임신한 나를 코더니 그녀는 자신의 고민을 털어놓았다.

"나도 가끔은 보통 여성처럼 평범했으면 좋겠어요. 좋은 배필 일찍 만나서 신혼집도 꾸미고 살림도 하고 아이고 갖고 말이죠. 요즘은 평범하게 산다는 것도 어려운가 보죠? 이제 돈은 벌만큼 벌었는데, 일을 멈출 수 없는 상황이 되었어요. 나이를 봐도 이미 결혼 시기를 놓쳤고요. 군이 결혼을 해야 하나 싶기도 하고, 남자를 볼 때도 조심스러워지고 부모님 성화도 이제는 조금 덜해졌네요. 그래도 여자로서 아이도 건강하게 낳을 수 있는 시기가 점점 줄어든다는 것을 생각하면 마음이 편치는 않아요. 간혹 정착하고 평범하게 사는, 말 그대로 '아줌마'들이 부러울 때가 있어요."

나는 그녀와 이야기를 나누기 전까지는 그녀가 남부러울 것 없이 싱글 생활을 제대로 즐기고 있다고 생각했다. 하지만 그녀의 이런 말은 내 생각을 완전히 뒤집어 놓았다. 남들이 부러워하는 성공한 여성 사업가가 경제적 부까지 아주 제대로 일찍 이루어 내었는데, 그것이 바로 기회비용이라는 것일까. 그녀 또한 가장 큰 걱정이 지금보다는 나이 든 이후였다. 자신의 분야에선 최고로 인정받고 있는 화려한 싱글이지만 노후가 걱정스럽다는 것이다. 돈보다는 혹시나 모를 큰일이 닥칠 때 혼자 처리해야 하고, 질병에 걸려도 혼자 해결해야 한다는 노후 말이다.

지금이야 통장에 잔액이 꽤 있지만 화려한 싱글일수록 돈 쓰는 모임도 많다는 사실을 생각해 보면 고민은 좀 더 커진다. 그런 모임들에 참석하면서 절약을 한다는 것은 쉽게 통하지 않기 때문이다. 또한 업무상 해외에 나갈 일도 많다 보니 자연스럽게 명품을 접할 기회가 많아지면서, 가계부라는 것은 생각해 본 적도 없이 어느새 그녀의 소비생활은 조금씩 그 규모가 커지고 있었다. 또 어느 자리에 가도 그녀는 '대표'라는 직함에 맞게 밥값도 내는 것이 당연한 것처럼 여겨지고 주변 사람들도 이미 그것에 익숙해져 있었다. 게다가 그녀는 자기계발도 소홀히 할 수가 없다. 자기 사업을 한다는 것이 겉으론 멋있게 보일지 몰라도 그녀에게 그것은 곧 '끊임없는 경쟁자가 생긴다'는 것을 의기한다. 그러므로 그녀는 자기 계발에 시간과 돈을 아낄 수가 없다. 건강도 건강이라 피트니스 센터에도 다녀야 하고 새롭게 개척하기 시작한 중국 시장을 위해 중국어 학원에도 다니고 인적 네트워크를 넓히기 위해 골프도 새로 시작했다. 자신에 투자하는 것은 당연한 일이므로 그녀는 그러한 것들이 자신이 하는 소비 중에서 가장 아깝지 않은 것이라 한다.

그러나 문제는 이런 화려함과 여유로움 속에 그녀의 고민을 만들어 내는 것들이 존재한다는 것이다.

첫째, 결혼을 안 할 경우 가장 큰 기회비용은 앞에서 말했듯이 '노후를 돌봐 줄 남편도 자식도 없다'는 것이다. 그러므로 싱글 여성은 누구보다도 더 많은 돈을 필요로 한다. 연말정산만 예로 생각해 봐도 싱글 여성이라는 것은 곧 소득공제를 받을 항목이 없다는 것을 뜻한다. 아니, 소득공제를 받을 항목이 있는 싱글 여성이라면 더욱 안 좋은 상황이라 하겠다. 그만큼 부양가족이 많아 자신이 버는 것을 공유해야 하고 결국 노후자금으로 모아 놓을 수 있는 돈도 그만큼 적어진다는 것을 의미하는 것이니 말이다.

둘째, '몸 = 재산'이다. 외로움에 질병까지 웬 말이냐. 건강 관리는 필수이다. 확률적으로 보면 미혼 여성이 기혼 여성에 비해서 자궁암이나 유방암 등의 부인병 발병이 높다고 하니, 건강은 천만 번 강조해도 지나침이 없는 사항이다. 정기적인 종합검진은 물론 미혼 발병이 많은 암에 대해서는 보장성 보험 같은 것도 체크하고 넘어가야 할 일이다.

셋째, 노후에 남편이나 자식이 없어도 외롭지 않을 폭넓은 인적 네트워크가 있어야 한다. 삶의 활력소가 될 수 있는 모임이나 같은 분야에서 같은 일을 하는 사람들의 정기적인 정보교류 모임도 자기 계발과 함께 좋은 모임이 될 수 있다.

넷째, 집 장만은 개인적인 성향에 따라 중요한 문제가 될 수도 있고 아닐 수도 있겠지만 적어도 치안이 허술한 곳에서 살진 말자. 직장과 가까운 오피스텔이 편할 수도 있겠지만 치안문제만큼은 싱글 여성에게 더욱 중요하기 때문이다.

위의 모든 것을 충족하면서 행복한 그리고 화려한 싱글을 유지하려면 '싱글 여성=소비 주력'이 아닌 '싱글 여성=재테크 공주'라는 등식이 성립되어야 한다.

"남편을 의지할 수 있니? 자식을 의지할 수 있니?"

얼마 전 L 과장은 친구로부터 소개 받은 유명한 점집에 갔다. 인생의 커다란 문제가 있었던 것은 아니지만 다른 직장으로의 여러 차례 다른 오퍼를 받고 고민하던 중 친구랑 통화하다가 이야기가 나온 점집이었다. 인터넷을 통해서 몇 번 재미 삼아 사주를 본 적이 있을 뿐 미신은 믿지 않던 그녀라 점집은 처음이었다.

유명하다는 그 점집에 가려면 예약을 해야 했는데, 자기뿐만 아니라 남편과 아이의 생년월일까지 전부 다 불러주니 점쟁이가 하는 말은 "네가 남편에게 의지할 수 있니? 자식에게 의지할 수 있니?"였다. 즉, 남편과 자식 둘 다 의지할 곳은 못 되니 계속해서 직장을 다니면서 자기 계발을 하라는 것이 점쟁이의 요지였다. 직장에 다니면 남에게 촉망 받을 수 있는 자리에도 오르고 돈도 많이 벌겠지만, 애 교육시킨다고 집에 들어앉으면 풍파가 많을 것이라나. 물론 믿거나 말거나이다.

그녀가 들었다는 "남편을 의지할 수 있니? 자식을 의지할 수 있니?"라는 말이 요즘 여성들의 현실을 말해주는 것 같아서 난 쓴웃음이 나왔다. 물론 부부가 의지하고 살아야 하는 것은 맞다. 하지만 저 말이 외벌이든 맞벌이든 여성들이 너무 남편에게 의지해서 살면 안 된다는 경고 메시지임은 분명한 것이다. 게다가 이것은 우리 어머니가 항상 하시던 말씀과 너무나 똑같다. 어머니는 "자식도 남편도 의지할 것이 못 되니 여자도 일을 가져야 한다"면서, 여자도 경제를 알아야 한다고 가르치셨다. 그렇다고 부부가 서로 의지가 못 된다는 이야기를 하고 싶은 것은 아니다. 심적으로는 서로 의존한다고 해도 여성들이 경제적으로 남편에게만 의존해서 독립심도 갖지 않아서는 안 된다는 이야기이다.

몇 해 전 인기리에 방영되었던 「내 이름은 김삼순」의 주인공을 기억하는가? 자신이 무엇을 원하는지 너무나 잘 알고 있었던 그녀는 「파리의 연인」처럼 신데렐라 이야기가 아닌, 현재를 직시하고 살아가는 30대 여성의 당당함을 보여주었다. 그녀의 생동감은 사랑에 모든 것을 거는 여성이 아니라 끝없이 성장하는 여성의 모습이었다. 어설프게 자신의 꿈을 시작했지만 그것을 이루기 위해서 고군분투하는 모습은 매력적이기까지 했다.

얼마 전에 방영된 「달자의 봄」에서의 오달자. 그녀는 조직 속에서 생활하는 직장인으로 등장한다. 그녀의 직장은 말 그대로 사랑의 공간이나 몽상의 공간이 아닌, 생업을 위한 현실감을 느끼게 만든다. 동료와 상사가 등장하고, 고객이 있고, 성공과 실패가 있다. 그녀는 직장과 현실 속에서 자신의 생계를 스스로 책임지는 여성이다.

최근까지 한창 인기몰이를 했던 「거침없이 하이킥」이라는 시트콤을 보자. 시아버지와 같이 한의사로 분한 며느리 박해미는 말 그대로 '거침없이 하이킥'이다. 그녀에 대한 등장인물 소개에는 이렇게 되어 있다.

야무지고 똘똘하고 싶어하는 슈퍼우먼 콤플렉스를 가진 여자.

자신이 능력 있고 존경 받는 의사에, 모범적인 결혼생활에 사랑받는 아내, 아들들을 잘 키우는 엄마이며, 귀염 받는 며느리라는 확신에 차 있고, 대외적으로 그렇게 인정받아야 직성이 풀린다. 모두가 무서워하는 시아버지 위에 자기 주장을 자신 있게 내세울 수 있는 유일한 사람이므로 실질적인 이 집안의 리더이다.

모든 일에 자기중심적이며 (시부모의 지시에도 결국은 자신이 OK라고 최종 결정해서 받아들이는 형식을 취한다) 당당하고 자신감

재테크
여왕

넘친 태도로 주위 사람들을 가르치려고 하며(타인의 의견대로 해
줄 때에도 "제 생각은 이게 아니니까 나중에 다시 한 번 생각해 보시라"
라고 말한다) 감정 표현이 풍부하고 언행이 쿨하게 연극적이다.

이런 며느리이자 아내, 엄마인 박해미에 대해서 여러 가지 이야
기들이 많다. 그녀의 발칙한 태도에 반감과 저항이 전혀 안 드는
것은 아니다. 시어머니로부터 '싹퉁 바가지'라고 불리기도 하지
만 그녀는 시어머니에게 너무나 당당하다. 말끝마다 "아시겠어
요?"를 붙이지만 그녀는 얄밉다는 평가보다는 멋지고 시원스럽
다는 평가를 많이 받는다. 그녀의 최대의 적은 결혼 2년 만에 이
혼하고 들어온 도련님 민용이다. 노래할 때 화음 넣는 것이 취미
인 그녀에게 대놓고 뭐라 하는 것이 바로 민용이다. 자존심이 구
겨진 그녀가 스스로에게 던지는 한 마디는 이렇다. "세상 사람 전
부가 다 너를 좋아할 수는 없는 거야. 괜찮아. 박해미 힘내! 내일
은 내일의 태양이 다시 떠오를 테니까!" 이것이 요즘 먹히는 '쿨
하고 인기 있는 여성인 것'이다.

게다가 이 시트콤에서 박해미는 명예퇴직 후 집에서 주식투자
를 하며 돈을 까먹는 백수 남편과 함께 하면서도 박해하지 않는
자유로운 에너자이저이다. 그녀는 남편의 수입에 전전긍긍하지
않을 뿐만 아니라 바람 잘 날 없는 가정에서도 중심에 서 있다. 이
런 그녀를 얄미워도 어찌 매력 없다 할 것인가.

요즘 TV에서 보여주는 여성상은 바로 가족의 굴레에서 벗어나

자신의 생계를 스스로 책임지는 여성이다. 경제적인 자유를 위해서 끊임없이 성장하는 여성의 모습은 아름답다. 꼭 일을 하라는 것은 아니다. 다만 살림만 잘하고 열심히 저축만 한다고 해서 여성이 떵떵거릴 수 있는 시대는 지났다. 남성에게 의존적인 여성, 가족의 굴레에 둘러싸여 자기 정체성을 못 찾는 여성에서 벗어나 스스로 독립을 외쳐야 할 때가 온 것이다. 전업 주부라 하더라도 경제적인 모든 면을 남편에게 의존해서는 안 된다. 스스로가 알고 같이 의논해서 결정할 수 있을 정도의 정보를 수집하도록 수시로 노력해야 한다.

이제 여성이 의지할 곳은 없다. 남편도 자식도 친정도 아닌, 오로지 자기 자신만을 의지해야 한다. 시대가 변했으니 과거의 공주를 꿈꿀 수도 없다. 나이 30이 되면 이미 신데렐라란 현실에 없다는 것을 알게 되지 않는가.

숫자와 친해지지 않아도 할 수 있는 것이 재테크이고, 장을 볼 줄만 알아도 경제를 알 수가 있다. 진정한 자신의 가치는 노력하는 데서 온다. 지금이라도 늦지 않았다. 배우는 순간 그리고 노력해 보리라 다짐하는 순간이 바로 시작점이다. 우리 여성이 스스로 경제적 자유라는 아름다움을 가질 수 있는 나이를 지금이라도 점쳐 보자.

제 2 장

그녀들을 부자로 만든 몇 가지 것들

부의 중심이
이동하고
있다

금융기관에서 PB고객들을 상대하는 일을 하다 보면, 간혹 고객들을 다양한 기준에서 분류하고 분석할 때가 있다. 즉, 남자와 여자의 비율은 어떤지, 연령층은 어떤 분포를 보이는지, 주로 어떤 일을 하는지, 자산은 어디에 치중이 되어 있는지, 성향은 어떤 사람들이 많은지 등등 말이다. 이렇게 분류하다 보면 나의 고객들에 대해 더욱 많은 것을 알게 되어 집중력이 높아지는 결과를 갖게 된다.

그런데 이렇게 부자 고객들에 관심이 있는 것은 나뿐만이 아니다. 얼마 전 마스터카드 아시아태평양 경제자문단에서 『성공하기 : 아시아의 부유층』이라는 책을 출간한 격이 있다. 이 책에서는 "오는 2015년 아시아 지역의 선진국은 상류층 가구수가 1,100만

명에 육박하고 아시아 신흥국가의 경우 5,800만 명을 넘을 것"이
라고 했다. 특히 한국, 중국, 일본에서의 부유층이 가장 많은 소비
를 함으로써 6,000억 달러, 즉 우리 돈으로 약 600조 원 규모의 소
비시장을 창출할 것으로 내다 봤다. 이는 다시 말해 한·중·일의
부자들이 아시아 소비시장의 80% 이상을 차지할 것을 전망하는
것이니, 내가 아시아 그것도 한국의 금융기관에서 일하고 있는 것
이 참으로 다행스러운 조사결과라 하겠다.

　게다가 유엔대학 세계경제개발연구소에서는 지난 2000년을 기
준으로 우리나라가 세계 순자산의 1.1%를 차지해서 세계에서 열
두 번째의 부자 나라인 것으로 발표했다. 미국은 세계 순자산의
32.6%를 차지하는 최대 부자나라이고, 그 뒤가 일본 18.4%, 영국
6%, 독일 5.7%의 순이었으며, 중국은 2.6%로 7위를 기록했다.

　이렇게 부의 중심이 아시아로 이동하면서 이 지역의 신흥부자
에 대한 관심은 높아질 수밖에 없다. 메릴린치와 캡제미니가
2006년 10월에 발표한 「아시아—태평양 부자보고서」에 따르면
지난해 기준으로 이 지역에 100만 달러 이상의 금융자산을 보유
한 부자가 240만 명에 이른다고 한다. 세계적으로 백만장자가
870만 명인데 이 가운데 27.1%가 아시아 지역에 거주하고 있다는
것이다. 이러한 수치는 2004년 조사와 비교해서 약 7.3%나 늘어
난 것이니, 세계 평균인 6.5%와 비교해 보더라도 이 지역에 대한
관심은 자못 높을 수밖에 없다.

　우리나라의 경우, 금융자산을 100만 달러(약 10억 원) 이상을 가

진 사람이 86,700명, 3천만 달러(약 300억 원) 이상의 부자는 375명으로 집계되었다. 이는 곧 1천 명 가운데 2명 정도가 백만장자라는 뜻이니 세계적으로는 평균 수준, 아시아—태평양 지역 평균과 비교하면 두 배 수준이다. 이들은 평균 350만 달러(한화로 약 35억 원) 자산을 보유한 것으로 추산을 하고 있다. 특히 우리나라와 인도가 부자 증가율에서 각각 1위와 2위를 차지했다는 것이 더욱 놀랍다. 우리나라는 백만장자가 2004년에 비해서 21.3%나 늘었다. 물론 이는 종합주가지수가 상당히 오르면서 자산의 가치가 커진 것 때문이라고 분석되고 있다.

한국의 부자 중에서 여성의 비중은? ▮

여기서 우리 여성이 주목해야 할 조사결과가 있다. 금융기관에 소속되어 있는 내가 나의 고객의 성별과 연령을 분석하듯 이러한 조사에서도 성별과 연령 비율을 따로 조사하니, 그 결과를 안 짚어 보고 갈 수가 없다.

대만과 일본은 부자들 가운데 여성이 차지하는 비율이 각각 40%와 30%에 해당한다. 그렇다면 우리나라는 어떨까? 단도직입적으로 결론만 말하면, 우리나라 부자들 중 여성이 차지하는 비율은 13%로 조사국들 중 가장 낮은 수준을 보이고 있었다. 아마 그 중에서도 실제로는 본인의 자산이 아닌, 즉 타인의 자산이지만 금융종합과세나 기타 세금 문제로 명의를 나누어 받아 놓은 것 또한 상당하지 않겠나 싶다. 또한 중국에서는 4분의 3 이상이 55세 미만이었고, 인도에서는 30세 이하의 부자들이 7%나 있었다. 이는 그만큼 신흥부자들이 많다는 것을 뜻하는데, 부자 중의 절대 다수가 아예 55세 이상인 우리나라와 상당히 비교되는 부분이기도 하다. 앞으로도 2010년까지 아시아─태평양 지역의 부자들의 금융자산은 연간 6.7%이상 성장할 것으로 메릴린치는 전망했다.

나는 이 자료에 참으로 많이 동감했다. 내가 나의 고객들을 애쓰고 분류·분석한 자료와 별반 다르지 않기 때문이다. 우선, 상당히 많은 PB고객층이 55세 이상이었고, 여자보다는 남자가 많았다는 전체적인 그림이 거의 같다. 고액 고객층으로 갈수록 여성 고객보다는 남성 고객이 많다. 그나마 나에게 여성 부자 고객이 많은 것은 내가 일하는 곳이 그나마 '압구정' 지역에 있고 '아파트'라는 거주지에 인접해 있기 때문이 아닐까 싶었다.

어느 날 E사모님이 자식들을 위해서 상담을 해 오셨다. 적당한 기업체에 다니던 남편과는 일찍 사별했고, 시댁 집안이 못살지는 않았으나 딸만 둘을 두고 대를 이을 아들 하나 없이 남편이 세상을 뜬 바람에 별로 경제적 도움을 받진 못했다 한다.

결국 아는 이의 도움도 받고 본인이 열심히 '귀품(잘 아는 사람들로부터 귀로 듣는 정보)'을 팔아 시작했던 것이 '주식'이었다. 주식에 문외한이었기 때문에 개별종목을 사고팔기보다는 좀 더 안정적이고 품을 팔아야 하는 공모주로 그녀는 재산을 불려 갔다.

예전에는 한 종목이 상장되면 15일 연속 상한가를 기록하던 때도 있었으니 공모주는 그녀가 생활하는 데 크게 도움은 되었고 그다지 위험은 없었다.

그렇게 번 목돈으로 부동산이 좋다고 할 때 또 그녀는 다녔다. 그녀가 할 수 있는 것이라곤 그렇게 '발품'을 파는 일밖에 없었다고 한다. 아는 것이 없을 때 그것만큼 확실한 정보력을 주는 것이 없다는 그녀. 게다가 위험을 감수할 수밖에 없었던, 남편에게 의지할 수도 없이 너무나 외로웠던 그녀를 위로했던 것도 역시 바쁜 '발품'과 '귀품'이었단다. 그녀는 평생을 주식만 했던 사람이었고, 그렇게 열심히 불린 재산으로 두 딸아기의 대학원 학업과 유학까지 시켰다고 한다.

최근 E사모님에게는 고민이 생겼다. 최근엔 공모주도 수익이 별로 좋지 않아 최근 유행하는 다양한 금융상품들을 이용해 보려고 하니 영 적응할 '머리'가 안된다는 것이 그것이다. 또한 그런 것에 비해서 자신의 딸들은 공부만 시켜서 세상 물정 하나 모르고, 재테크도 전혀 할 줄 모른다는 것도 고민 중 하나였다.

결국 그녀는 "내 딸들을 보낼 테니 요즘 소위 '잘 나가고 안전한' 것들을 소개해 주고 재테크 공부 좀 시켜달라"는 부탁을 내게 해 왔다. 자신은 자신의 딸들보다 어린 나이에 혼자되어 이만큼 살았는데, 살아보니 딸들을 너무 고이고이 키워 오기만 했다고, 그래서 본인이 죽고 나면 어디 의지할 데도 없고 결혼은 생각지도 않는 딸들이 혼자 살아갈 수 있도록, 자기 스스로를 책임질 수 있도록 지도해 달라는 부탁이었다. 그녀의 부탁을 듣고 나는 '바로 이 경우가 요즘의 신세대 여성들의 모습을 대변해 주는 것이 아닌 가'라는 생각이 들었다.

얼마 후 나를 찾아온 그녀의 딸들은 한 명은 미술, 한 명은 피아노를 전공한 너무나 예쁘기만 한 여성들이었다. 그래도 엄마가 동기 부여를 열심히 시킨 덕분일까? 와서 어찌나 진지하게 이야기를 듣는지 연신 "아! 그렇구나!"를 외쳐댔다. 각각 40살과 34살인데도 그 나이가 되어서야 금융기관에서 처음으로 투자라는 것을 해 본다는 그녀들은 모르는 게 너무 많았다. 어머니가 그렇게 힘들게 사셨는데도 자매는 둘만을 위한 유럽 여행을 기획중이라고 했다. 투자 한 번 해 본 적 없고 치열하게 돈을 벌어 본 적 없는 그녀들의 여행 비용은 어디에서 나온 것일까. 그녀들은 이렇듯 자신들이 번 돈을 여행이나 옷 사는 데 쓰기만 했지 어떻게 해야 그것을 불리고 모을 수 있는지는 전혀 모르겠다고 한다.

정작 투자를 해야 할 사람들이 안 온다?

사실 금융기관에 앉아 있다 보면, 고객들의 몇 가지 공통점을 뽑아 볼 수 있다.

첫째, 젊은 사람보다 늙은 사람이 많다.
이것은 '젊은 사람은 낮에 일을 하고, 늙은 사람은 그에 비해 시간적 여유가 많다'는 이유 때문일 수 있다. 또는 내가 별로 안 좋아하는 이유이긴 하지만, '젊은 사람은 투자할 돈이 없고, 나이 든 사람은 투자할 돈이 있다'가 이유가 될 수도 있겠다. 그러나 이 두 번째 이유에 대해 강력하게 반발을 하자면, 투자는 돈 있고 나이 든 사람보다는 돈 없고 젊은 사람에게 더욱 절실한 법이다.

둘째, 젊은 사람들 가운데서도 여자보다 남자가 찾아올 확률이 높다.

왜 그럴까? 은행이라는 전통적 제1금융기관에서는 젊은 여자나 남자의 비율이 그다지 차이가 없을 수 있을 것이다. 하지만 증권사는 선택적으로 고수익을 찾아 투자를 하는 이들이 주로 찾아오는 곳인데, 유독 젊은 여자의 숫자는 미약하기 그지없다. 남자들은 고수익을 좋아하고, 여자들은 저수익까지는 아니지만 그래도 안정적인 것을 좋아해서 그럴까? 전화 상담을 보면 남자나 여자의 비율은 거의 같다. 하지만 '발품'을 팔아서 낮에 시간을 내어 증권사 문을 두드리는 숫자는 젊은 남자가 월등히 많다. 앞의 예처럼 엄마가 딸에게 "증권사 좀 찾아가 봐라"라고 말하는 경우는 제외하고 말이다.

하지만 그 많은 여성 부자 고객도 그나마 젊으면 40대 후반이다. 내가 근무하는 곳은 대로변에 위치해 있기에 애써 찾을 필요도 없이 간판만 보고 걸어 들어오기만 하면 되는 금융기관인데도, 도대체 왜 20~30대의 여성들은 금융기관에서 찾아보기 힘든 것일까? 나야 당연히 이런 일이 좋아서 업으로 삼는 사람이니 솔직히 '젊은 여성들이 왜 적을까'라는 생각을 미처 해 보지 못한 것이 사실이었고, 게다가 PB고객들을 상대하고 있다 보니 젊은 사람보다는 연세가 지긋한 분들과 만나는 것이 나의 일상이었다. 하지만 최근 젊은 부호들이 늘어나기 시작하면서 나의 고객 중에서도 '젊고 부자인 총각' 고객부터 시작해서 고객들의 평균 연령대가 낮아지고 있는데 유독 '젊은 여성' 고객은 그중 별로 없다는 것을 새삼 깨닫게 되었다.

과연 여자는 정말 너무나 안정적인 것만을 좋아해서 투자에는 '약한' 것일까? 혹은 너무나 외모와 사치에 집중하느라 투자하는 것에는 '빈틈'을 보이는 것일까? 남성들보다 부드럽고 유약하기 때문에 투자에서도 '착하고자(?)' 하는 것일까? 그것도 아니면, 남편에게 전적으로 경제를 의존하는 '신데렐라'이기 때문일까? 이에 대해서 "아니다" 또는 "그럴 것이다"라고 추측하여 이야기할 것이 아니라 우리 여성들이 가진 장단점과 재테크와의 궁합을 맞춰 볼 필요가 있다.

이런 것들이
부자가 되는 데
태클을 건다

여성들이 금융기관에서 유독 약한 이유가 뭘까? 한번 생각해 보자. 천성적으로 우리의 단점이 있다면 동전의 양면처럼 장점으로 만들거나 아니면 그것을 보완 및 변경하면 될 것 아닌가. 이제부터 살펴볼 사항들을 염두에 두며 우리 스스로가 지금까지 가지고 있던 편견들이 있다면 또 하나하나 깨뜨리는 시간을 갖자.

착한 여자 콤플렉스

결혼해서 애를 하나 낳아 기르면서 중소기업에 다니고 있는 박가람씨는 너무 '착한' 여자에 속한다.

그녀는 가족이나 남편에게 싫은 소리 한번 해 보질 못했다. 시

댁에서 애를 맡아 키워 주신다는 죄책감(?)에 시어머니나 시댁 식
구에게 싫은 말 한마디 해 본 적 없이 5년째 살고 있다. 게다가 그
녀는 직장 상사나 동료들의 말도 안되는, 혹은 들어줄 수 없는 부
탁이나 요구를 들어주기 싫어도 모두 들어준다. 자신의 감정이나
욕구는 꼭꼭 억누른 채, 오히려 주위 사람들의 눈짓 하나하나, 말
한마디에 민감하게 반응한다. 어쩌다가 자기 주장을 내세웠을 때
에는 '다른 사람이 상처 받지는 않았을까?' '나를 나쁘게 생각하
진 않을까?' 하며 전전긍긍하는 여자이다.

많은 여성들은 이처럼 무릇 '착하다'에 너무 길들여져 있는 것
이 아닌가 싶다. 여자들에게 강조되는 '착함'이란 내용은 언뜻 봐
서도 일방적인 이해와 배려, 인내 같은 것들이다. 그래서인지 여
성들은 갈등이나 폭력의 상황에 처했을 때, 그에 대한 자신의 감
정을 표출하는 것에 익숙하지 않다. 오히려 언성을 높이는 일을
자제하거나, 심지어는 그 상황에서도 상대방의 의도가 무엇인지
이해하려고 애를 쓴다.

박가람씨의 경우도, 그녀의 의사는 가정에서 전혀 반영되지 않
는다. 두 부부가 똑같이 열심히 일해서 모은 두 사람의 돈으로 주
택을 마련했는데도 불구하고, 그녀는 '부부 공동 명의'를 주장하
지 못했다. 혹시나 남편이 자신을 너무 돈만 아는 여자로 몰아세울
까 걱정이 되었기 때문이다. 그녀 스스로 또한 '시댁에서 아이를
봐 주고 있으니까……'라며 오히려 그 상황을 이해하려고 애썼다.

하지만 가면 갈수록 주택만이 아닌, 가정 전체의 대소사에서도

그녀가 자꾸만 밀려나는 현실은 지속되었다. 집안의 경제사에 대해 의논을 할 때에도 그녀의 의견은 참고가 되지 않았다. 결국 그녀는 '착하니까' 자신의 명의로 돈을 모으기보다는 좀 더 주장이 강한 '남편'의 명의와 뜻대로 투자하는 결과를 낳았다.

그런 상황은 박가람씨의 직장에서도 똑같은 양상으로 진행되고 있다. 그녀는 승진 때마다 매번 다른 남자 직원들과의 차별성을 부각시키지 못한 채 밀리고 말았다. 같은 대졸 사원으로 입사한 남자 동기가 자신보다 몇 호봉 더 높아지고 더 빨리 승진을 해도 그녀는 자기 주장 한번 해 보지를 못했다. 그녀는 '상사가 알아서 해 주겠거니'하며 최근의 인사 발령에 기대를 걸어 보았으나 그녀의 부장 상사는 "다른 친구들에 비해서 경험이 적은 것 같아. 다음 번에 기회를 보지"라고만 말했을 뿐이었다. 그녀는 눈에 맺힌 눈물을 닦지도 못하고 목이 메어 할 말도 못하다가, 결국 조용히 그 자리를 나와야 했다.

박가람씨가 좀 더 자신의 감정이나 주장을 떳떳하게 밝히는 여자였다면 어땠을까? 사회에서 혹은 가정에서 요구하는 기준에 자신을 맞추기보다는, 자기 자신에 대한 애정을 가지고 자신의 감정에 충실한 것이 현대를 살아가는 여성들의 현명한 태도임은 말할 것도 없다. 그럼으로써 우리 여성은 나날의 삶을 더욱 즐겁고, 활기차고, 당당하고, 신나는 것으로 만들어 가야 한다. 착하고 얌전한 구시대가 요구하는 여성이 아닌, 자신에 대해서 당당한 자의식을 가진 여자가 되어야 한다는 것이다.

똑똑하고 능력있는 여자에 대한
이런 저런 말, 말, 말

한때 "대학 졸업장을 가진 30세 여성들이 배우자를 만날 가능성은 20%에 불과하다. 40세를 넘긴다면 결혼할 확률은 테러리스트에 의해 살해될 가능성보다 낮다"는 말이 미국의 『뉴스위크』지에 나온 적이 있다. 즉, 많이 배운 여성일수록 결혼하지 못 하고('안 하고'가 아니다) 평생 혼자 살게 될 가능성이 높다는 것이었다. 이 보도는 미국에서 엄청난 반향을 일으켰다.

그 이후 반론도 많이 나왔겠지만 한 10년 전만 해도 내 귀에 "많이 배운 여자는 결혼하기 힘들다"는 소리가 들렸던 것으로 봐선 정설처럼 여겨져 온 것이라 해도 과언이 아닌 것 같다. 배우자로서의 여자는 너무 똑똑하면 귀찮고 피곤하니 적당히 배운 여자가 좋다는 것이다.

하지만 최근의 현실은 너무나 다르다. 고등교육을 받은 여성일수록 결혼 가능성이 높고, 게다가 성공한 중·장년 남편들은 전업 주부인 아내보다는 전문직에 종사하여 맞벌이를 할 수 있는 아내를 원한다는 연구 결과도 나왔다. 즉, 아내의 근무 시간과 남편의 소득 사이에는 어느 정도의 상관관계가 있다는 것이다.

1980년대만 해도 남편의 연봉이 많을수록 아내가 일하는 시간이 적었다. 하지만 현재는 아내의 일하는 시간이 늘어나면서 전문직 남편의 소득 역시 늘어난다는 연구 결과가 나오고 있다. 다시 말해 1980년대 말에는 성공한 대기업의 최고 경영자들이 몇 차례 이혼 끝에 마치 부상으로 트로피를 받듯 아름답고 젊은 전업 주부들과 재혼을 하는 경우가 많아서 '트로피 아내'라는 말이 생겨났을 정도였다. 하지만 최근 들어서는 이 같은 현상이 없어지고 부부 모두 사회에서 영향력을 지닌 사람들끼리 결혼하는, 소위 '파-워 커플'이 등장하기 시작했다. 마이클 더글러스와 캐서린 제타 존스 부부도 그렇고, 영국 재무차관인 에드 불스 부부도 그렇다. 과거에는 성공한 남편이 아내를 집안의 왕비로 모셔 두는 경우가 많았지만 최근 남녀 간의 연봉 격차가 줄어들고 직장 내 차별이 적어지면서 기혼 여성의 사회적 활동이 늘어나 이 같은 현상들이 생기고 있다. 점점 더 능력 있는 여자가 대접받는 세상이 오고 있는 것이다.

미국의 다른 연구에 의하면, 혼인한 여성의 소득이 늘어날 때마다 이혼할 가능성이 증가한다고 한다. 즉, 여성의 경제적인 성공이 이혼율 증가의 원인으로 나타났다는 것이다. 여성의 소득이 남편의 소득수준을 능가하기 시작하면 이는 곧 돈을 벌어 오던 가장의 지위를 굳건히 지키고 있던 남성으로부터 집안 내 권력이 여성으로 이동하는 '가정 내 권력 지각 변동'의 이유가 되기 때문이다. 경제적으로 돈(=권력)을 벌어 오는 여성은 이전만큼 집안일을 꼼꼼히 할 수가 없고 그래서 그 빈 부분을 남편이 채워 주길 희망하지만, 남성의 집안 활동은 그에 맞게 증가하는 게 아니다 보니 부부끼리 말다툼할 횟수도 늘어날 수밖에 없다.

2003년 통계청 발표에 의하면 기혼 여성의 91.4%가 "부인이 주로 양육과 가사를 맡고 있다"고 응답했다 한다. 2004년 맞벌이 가구 주부의 가정 관리 시간은 평균 2시간 47분으로 비 맞벌이 가구의 주부의 4시간 19분보다 겨우 1시간 32분 정도만이 적을 뿐이었다. 맞벌이 가구 주부인 경우 개인 유지(수면, 식사, 목욕, 화장 등)에 사용한 시간은 10시간 8분으로 비 맞벌이 가구 주부의 10시간 20분보다 12분이 더 적었다. 한편 맞벌이 가구의 남편과 비 맞벌이 가구의 남편이 가사 노동(가정 관리+가족 보살피기)에 사용한 시간은 각각 32분과 31분으로, 주부 취업과 관계없이 남편의 가사 노동 참여 시간의 차이는 크지 않다는 결과를 보여주었다. 이 연구를 진행한 케셀링 교수는 "가족 전체 소득에 비해 여성의 수입이 1만 파운드 증가할 때마다 혼인이 깨질 가능성이 1% 늘어난다"고 말했다.

또한 여성이 경제적 자신감을 갖게 되면서 이혼에 대해서도 더욱 대담해지는 것 역시 이혼 원인 중 하나로 여겨진다. 이는 아무래도 가사일만 하는 여성이 갑작스럽게 자신의 생계를 책임져야 하는 이혼에 대응하지 못하는 것과 같은 맥락일 것이다.

그래서인지 최근에는 유명 여자 연예인들이 남편에게 돈을 주고 이혼하는 사례도 생겨나고 있다. 「타이타닉」으로 유명한 케이트 윈슬렛은 남편에게 약 9억 원에 달하는 위자료를 주고 이혼을 했다. 여자들의 경제적인 자신감이 불행한 결혼 생활을 그만둘 수 있게끔 하는 동기가 된 것이다. 2003년 이혼·별거 제의자는 부인이 66.7%, 남편이 30.6%로 남편보다는 부인의 제의율이 36.1% 높게 나타났다고 통계청은 발표했다. 연령별로는 29세 이하와 50세 이상의 연령층에서, 학력은 높을수록, 결혼 기간은 짧을수록 부인의 이혼, 별거 제의율이 높게 나타났다.

하지만 오히려 '불행한 결혼 생활이 수명을 짧게 한다'는 연구 결과도 있는 것을 보면 여성의 경제력은 여성의 수명도 연장시켜 주는 셈이다. 이는 이젠 여자들도 '착하고 순진함'보다는 '지혜와 똑똑함'을 무기로 경제력을 쥘 필요가 있음을 더욱 느끼게 하는 대목이다.

과도한 가족 사랑 ▌

나는 가난한 집안의 장녀로 태어났고, 어머니가 가출하자 가족의 뒷바라지를 하느라 혼기까지 놓치고 말았다. 여상을 나와 은행에 근무하던 나는, 갓 입사한 5살 연하인 지금의 남편을 만났다. 시댁의 격렬한 반대에도 불구하고 남편의 적극적인 구애 덕분에 결혼에 골인할 수 있었고, 현재는 딸 둘을 둔 평범한 가정주부이다.

어려서부터 없이 자란 탓에 돈의 소중함을 누구보다 절감한다. 남들은 알뜰하고 생활력 강한 나를 짠순이라고 비하하지만 천만에! 나는 남이 버린 옷도 마다하지 않그 주워다 입었고 남편의 떨어진 속옷도 꿰매 입었다. 화장품은 샘플로 해결했다. 그래도 부끄럽지 않다. 언젠가 남편과 가족들이 내 진심을 알아 줄 것이라 기대하기에. 눈만 뜨면 온갖 부업으로 내 몸 상하는 줄도 모르고 악착같이 벌고 모아, 이제는 38평 근사한 아파트도 갖게 되었다. 그러던 어느 날, 청천벽력도 유분수지!! 결혼 10주년 기념일에 어이없게도 남편이 내게 이혼을 요구해 왔다.

누구의 이야기인가 하면 바로 「장미빛 인생」의 '맹순이(최진실 분)'의 이야기이다. 그녀 같은 머리 스타일이 유행이 되면 미용실은 절대로 장사가 안될 것만 같고, 그녀가 가진 38평 아파트 동네와 그녀의 집안 살림살이는 너무나 등떨어져 보인다. 그녀가 딸과 시댁 그리고 가족에게 하는 걸 보면 말 그대로 악착같다. 자신의 행복은 모두 가족에게서 나오고 또한 가족으로 돌아간다. 그녀같이 가족에게 잘하면 세상만사 다 잘 돌아갈 것만 같다.

하지만 결국 그녀가 목숨을 걸었던 가족도 그리고 그녀의 삶도 오히려 그녀에게 배신감을 주었다. 그녀의 남편은 바람이 난다. 그녀가 한없이 충성했던 시댁은 아들의 바람을 눈감아 주고, 그녀의 악착같은 삶도 그녀에게 결국 '암'이라는 불치병을 주고야 만다. 그제야 그녀는 자신의 삶을 돌아보고 경악을 한다. 그녀가 불쌍하다고 이야기한들 하늘이 다시 마음을 돌릴 리가 없다. 또한 남편에게 배반을 당해도 그녀는 어디 하나 하소연할 곳이 없고, 이혼을 당하고 나서도 의지할 친구 하나 변변히 없다. 그녀는 오로지 '가족밖에 난 몰라' 형이었기 때문에 가족 외에 친구들과 어울려서 차라도 마시면서 인생에 대해서 이야기하거나, 아니면 다른 자기만의 취미 생활 하나도 가져 본 적이 없었다. 그녀에게 인맥이라곤 오로지 친인척, 그것도 가족으로 한정되어 있었기 때문이다.

여성들에게 있어서의 가장 큰 굴레는 사회이기 이전에 바로 가정이다. 딸과 며느리를 넘어 엄마라는 역할과 모성애라는 단어가 떡하니 존재하는 이상 여자들이라면 누구나 가정의 굴레를 벗어던지기가 어렵다. 그래서 그런지 돈 또한 나를 위해서 조금만 쓰려고 해도 왠지 가족에게 미안한 생각이 든다.

대개의 주부들은 아이가 커 가면서 사교육비가 증가함에 따라 자신이 쓰는 화장품의 브랜드 가치가 떨어지고 있는 것을 발견한다고 한다. 결혼 전에는 최고가 화장품과 의상에 전력투구하여 외모를 가꾸다가 결혼하고 아이를 낳으면서, 그리고 사교육의 열풍에 자기도 모르게 휩싸이면서 높아지는 교육비 지출을 위해서 가장 먼저 손을 대는 것이 바로 화장품값이란다. 즉, 자신의 화장품 브랜드부터 저가의 것으로 바꾸어 간다는 것이다. 남편의 수입이야 한정되어 있다 보니 교육비니 뭐니 뒷바라지를 하려면, 결국은 지출에서 줄여 나가야 하기 마련이다. 그런데 가족의 것 중에서는 줄일 것이 마땅치 않으니 인터넷 구매나 샘플 활용, 좀 더 싼 브랜드 구입 등을 통해 본인의 화장품값이라도 줄여 보게 된다. 그러다 보니 맹순이처럼 머리도 두 달에 한 번 하러 갈 것을 1년에 두 번 하고, 남편 속옷을 꿰매서 자신이 입는 형국이 되는 것이다.

어디 돈뿐이랴. 시간에 있어서도 주부들이 '나만의 시간'을 떼어 놓고 쓰기는 것은 더욱 어렵다. 특히 전업 주부의 경우 모든 시간을 가족에게 맞추려다 보니 동네 사람이나 학부모 외에는 다양한 사람들을 만날 기회가 좀처럼 없다. 나 또한 직장 생활을 하면서도 저녁마다 두 아이의 엄마로, 그리고 며느리와 부인으로 돌아간다. 저녁에 회식이나 약속이 생기면 어찌나 아이들에게 미안스러운지 그 감정을 숨길 수도 없다.

하지만 그런 저녁 모임이라든가 사람들의 만남을 계속해서 기피하는 것만이 전부는 아니다. 부동산, 돈 같은 것만이 유산이 아니라 요즘 같은 네트워크의 시대에는 부모로서 인적 자산 역시 자식들에게 상속할 필요가 있다. 내가 사람을 사귀고 아끼는 모습을 아이들이 바라보면서 사회성을 기를 수 있기 때문이다. 또한 네트워크가 넓어야 삶의 질 또한 높아질 수 있다. 50대 이후에 자녀까지 독립을 하고 나서 여생을 같이 보낼 '친구' 하나 없다면 인생을 제대로 살아왔다고 할 수 있겠는가.

엄마와 아내이기 이전에 하나의 인간으로서 나만을 위한 시간을 가져 보자. 오로지 동네 사람들이나 학부모만 모이는 모임 이외에도 취미나 봉사, 학습, 종교 등의 모임 등을 통해 자신을 업그레이드할 수 있는 계기를 만들자. 일상적인 수다로 일관하기보다는 정보의 보고가 될 수 있도록 신문이나 책, 잡지 등을 잘 챙겨 보자.

오프라인 모임이 어렵다면 이메일이나 문자를 이용하여 짧은 시간에 친근한 표현을 해 볼 수도 있을 것이다. 이렇게 사람들과 좋은 관계를 맺는 데 솔선수범하는 모습을 어릴 때부터 아이들에게 보여 준다면 그 또한 공부가 될 것이고, 여성들 스스로에게도 지나치게 가족 의존적인 생활 태도에서 벗어나 당당히 한 인간으로서 자의식을 찾는 계기가 될 것이다.

외양 중심의 소비 성향

얼마 전 재벌가의 남자와 결혼하겠다고 발표한 한 여자 아나운서 덕에 '된장녀'라는 말이 장안의 화제가 된 적이 있었다. 된장녀란 허영심에 빠져 명품 소비가 기본이고, 외모로 남자들의 주머니를 털며, 혼테크로 신분 상승을 꿈꾸는 여성을 일컫는 말이라 한다. 물론 된장녀를 향한 공격이 부당하다는 논리도 많아서 '된

장남'에 대한 반격도 상당히 있는 것이 사실이다. 또 된장녀라는 단어는 최근 여성 파워에 대한 질투와 위기감에서 나온 말이라는 지적도 있다.

어찌 됐든 된장녀의 가장 큰 문제는 물욕, 즉 허영심과 신데렐라를 꿈꾼다는 점에 있다. 그것은 여자의 문제만이 아니라 성별을 떠난 현대인들의 물질만능주의의 문제이기도 하다. 하지만 오히려 남자를 옹호하는 편에서는 '고추장남'이 등장했다. 300원을 아끼기 위해서 시내버스 대신 마을버스를 타고, 구내식당 갈 돈을 아껴서 학교 밖 편의점으로 향하는 고추장남은 된장녀와 대립된다.

된장녀가 모 인터넷 만화처럼(여자친구의 사치와 허영을 잘 맞춰주던 남자친구는 결국 맨 마지막에 카드 명세서를 들고 절망한다) 경제적으로 남자친구에게 의존하는 반면, '귀족녀'는 부모에게 기댄다는 특징이 있다. 이들은 스타벅스보다는 재벌가의 며느리나 딸들이 찾는 청담동 모 카페에서 커피를 마신다. 명품 또한 '강남의 기저귀 가방'인 루이비통이나 많이 알려진 것들보다는 이름도 잘 모르겠고 로고도 흔치 않은 해외 디자이너의 상품이 이들에게 더 인기가 있다. 이런 부유층의 자녀들은 남자친구가 아닌 부모의 경제력을 등에 업고 1회에 30만 원 이상인 마사지샵과 유명 피부과에서 상담을 받는 등 특권 의식에 사로잡혀 있다는 지적도 있다.

그러나 이 시점에서 필요한 것은 된장녀든 귀족녀든 그 말의 어원이나 논리를 따지는 것이 아니다. 그보다는 그것에서 한발 더 나아가 여자들을 마케팅 대상으로 하고 있는 수많은 제품과 이미

지들을 생각해 보는 것이다.

  최근 가장 마케팅의 타깃이 되고 있는 것이 바로 20~30대의 여성이라는 점에서 보면, 이 세대의 여성들은 확실한 소비자층을 이루고 있다. 따라서 '20~30대 여성이 소비 지향적이다'라는 현실과 이미지는 쉽게 사라지지 않는다. 실제 불황 속에서도 여성 소비자들은 상대적으로 안정적인 소비 성향을 보이는데, 이는 여성들의 소비가 경제 침체기에 위축은 되지만, 남성들의 소비에 비해 그 영향을 적게 받는다는 것을 뜻한다. 여성들의 주요 소비 품목은 화장품이나 의류, 식품 등 필수품이기 때문이다. 그러나 실제로 전반적인 소비 및 투자 심리가 얼어붙은 상황에서도 명품에 대한 젊은 여성들의 수요가 꾸준히 지속된다는 점에서 여성 소비는 마케팅 대상이 되고 있다.

  고객 중 한 분이 현재 대학생인 자신의 딸이 모 기업의 인턴으로 일하고 있다면서 적립식 계좌를 만든 적이 있다. 인턴사원을 하며 번 돈으로 저축을 하겠다는 그분의 딸이 나는 나름 대견스러웠다. 하지만 고객의 손에는 딸이 수선을 맡겨 달라고 부탁했다는 쇼핑백이 있었고, 그 쇼핑백에는 유명 명품 브랜드의 부츠가 들어 있었다. 그 고객은 적립식 계좌를 만들면서 "아니 인턴으로 얼마나 돈을 모은다고, 적립식으로 목돈 만들어서 다음에는 루이비통을 또 산다고 하니 내가 교육을 잘못 시켰나 봐"라며 수줍게 하소연을 하셨다. 인턴 수입밖에 안되는 돈으로 루이비통 제품이라니!

그것도 목돈을 만들어서 좀 더 알차게 쓰고자 해서가 아니라 명품을 하나 사기 위해 적립식 계좌를 만들다니! 조금은 어안이 벙벙해질 노릇이었다. 게다가 수선을 맡기는 그 부츠는 대학 졸업할 때 아버지를 무척이나 졸라서 선물로 얻은 것이라고 했다. 문득 그녀의 수입으로는 절대로 살 수 없는 명품들이 그녀에게 몇 개나 있을까 궁금해졌다.

미국 드라마 「섹스 앤 더 시티」의 캐리는 명품 구두만을 고집한다. 고집할 뿐만 아니라 구두에 대한 특별한 애정이 있어서 구두를 수집하기도 한다. 그녀가 보유한 명품 구두들의 가격은 집 한 채 값과 맞먹는데, 정작 본인은 집이 없는 신세라는 것을 알고 한심해한다.

하지만 캐리와 같은 여성들은 말한다. 명품은 사치가 아니라 '가치', 즉 자신을 외형적으로 표시하는 값어치라고 말이다. 값어치가 될지 가물치가 될지는 모르겠지만, 자신의 소득과 맞물림 없이 동떨어진 소비만큼은 아무리 봐도 답이 아니다.

또 이렇게 명품을 잘 아는 여성이 있다면 돈 쓰는 데만 열을 올릴 게 아니라 최근 유행하고 있는 럭셔리 펀드에라도 가입하는 관심이라도 있어야 하지 않을까? 최근 명품과 관련된 펀드들이 좋은 성과를 내고 있고 아시아의 신흥 부자들이 늘어나는 추세가 폭발적이라 하니 명품을 살 돈으로 명품 펀드에 가입하는 것이 명품을 하나 더 살 수 있게 만들어 주지 않겠는가 말이다. 사람은 자기가 잘 아는 '전공'에 투자하는 것이 정석일 뿐더러, 이런 펀드라면 투자 자체가 명품 행동이 될 수도 있을 테니 말이다.

얼마 전 영국에서 복권에 당첨된 사람들을 대상으로 한 연구 결과가 발표된 적이 있다. "복권에 당첨된 이후에 행복한가"라는 질문에 대해 26%는 "사고 싶은 물건을 마음껏 살 수 있어서 행복하다"라고 답했지만, 더 많은 44%는 "가족과 더 많은 시간을 보낼 여유가 생겨서 행복하다"라고 답했다 한다. 이들은 크루즈 여행 같은 호사스러운 휴가 대신 가족과 보내는 휴가에서 행복을 찾고, 자기가 원래 살던 지역이나 가정에 더욱 충실한 생활을 보내는 것에서 행복함을 느낀 것이다. 이러한 결과는 결국 소비라는 외적 물질에서 얻는 행복보다는 내적 행복을 추구하는 것이 궁극적이라는 것을 보여주는 것이라 하겠다.

모든 여성들이 사치와 소비의 상징은 아니다. 그러나 여성들이 남성에 비해서 외적 혹은 물질 추구적 소비 성향을 지닌 것으로 보이는 것은 사실이다. 그러므로 우리는 소비와 소득 간의 적절한 조화를 찾아낼 필요가 있다. 돈으로 행복을 사는 데에는 한계가 있으므로.

'수학에 약하다'는 고정관념

"여자는 수학에 약하다." "여자는 선천적으로 수학을 못 한다." "그래서 경제학도 못 한다." "경제를 이해할 수 있는 머리는 여자에게 없다.”

여자는 언제나 이딴(!) 소리를 들어 왔다. 그러나 해외 학술지 『사이언스』 2006년 10월호에 따르면 말이 좀 달라진다. 캐나다의 브리티시 컬럼비아대학교 교수 등이 총 225명의 여학생을 대상으로 3년간 진행한 연구 결과는 우리가 생각해 왔던 것을 뒤집었다. 남녀의 수학 학습 능력 차이가 선천적으로 존재한다고 믿는 여학생은 실제 수학 점수가 낮게 나왔지만, 그런 차이가 전혀 없다거나 또는 후천적으로 그것을 극복해 낼 수 있다고 믿는 여학생의 경우에는 오히려 수학 점수가 훨씬 높았던 것이다.

다시 말해 자신에게 유전적인 핸디캡이 있다고 믿어 주눅이 들면 실제로 성적이 나빠지고, 반대로 선천적인 차이가 없다고 믿으면 상황이 좋아지는 것이다. 그러므로 이런 고정관념 그 자체가 오히려 여자들로 하여금 ‘여자는 수학을 못하니 당연히 경제적인 면에서도 약할 것’이라고 생각하게끔 한다는 것을 알 수 있다. 부정적인 고정관념에 젖으면 그 안에 갇혀 행동하고 또 실제로 능력이 저하된다는 사실을 이번 연구를 통해 재확인하게 된 것이다.

영국의 또 다른 연구는 “여학교 출신 여성이 더 높은 소득을 올린다”, 다시 말해 여학교 출신의 여성이 남녀 공학 출신의 여학생들보다 더 좋은 직장을 다니고 더 높은 소득을 올린다는 결과를 도출해 냈다. 그 이유는 앞서의 ‘고정관념’ 탓이었다. 즉, 여학교를 다닌 여성은 남성과 여성에 대한 고정관념의 영향을 덜 받으며 자신들이 즐기는 교과목을 선택해서 공부를 많이 하게 되는데, 이

ax+bx+c8

러한 패턴이 계속 이어지면서 보통 남성이 많이 취업해 상대적으로 많은 월급을 받는 직장에 들어가게 된다고 한다. 즉, 남녀 공학 학교에서 성에 대한 고정관념에 따라 교육을 시키는 것과 달리 여학교에서는 성보다는 재능에 따라 학문적 길을 걷도록 하기 때문이라는 것이다. 이는 결국 성에 대한 고정관념으로 교육 받느냐, 아니면 재능으로 평가 받느냐에 따라 향후 경제력이 결정된다는 이야기이기도 하다.

어느 책에서 '코끼리와 사슬'에 관한 이야기를 읽은 적이 있다. 코끼리는 자기가 한 번 지나간 길은 결코 잊지 않는 똑똑한 동물이라고 한다. 하지만 이런 기억력이 바로 코끼리의 단점으로 작용하기도 한다. 코끼리 조련사는 어린 코끼리를 사육할 때 두꺼운 사슬로 튼튼한 나무에 묶어 놓는다. 어린 코끼리는 사슬을 벗어나기 위해서 계속해서 발버둥을 치지만 두꺼운 사슬과 나무 때문에 어쩔 수가 없다. 계속해서 힘을 주어도 벗어날 수 없다는 것을 안 어린 코끼리는 결국엔 탈출을 포기한다.

이 코끼리가 어른이 되었을 때는 어떨까? 자신의 몸은 육상 동물 중에서도 가장 커져서 몸무게는 무려 5~7.5톤에 이르고, 키는 3~4미터에 달하게 된다. 즉, 어린 시절 사슬에 묶여 꿈쩍도 못하던 그 코끼리가 드디어 사슬을 끊을 힘을 가지게 된 것이다. 하지만 코끼리는 자신의 기억 속에서 여전히 '내 힘으론 끊을 수 없는' 대상으로 낙인 찍혀 있는 그 쇠사슬을 끊을 생각조차 하지 않는다. 때문에 어린 코끼리에게 주어졌던 것보다 훨씬 얇은 사슬과 작은 나무에도 어른 코끼리는 굴복해 버리는 것이다.

이런 고정관념이 우리에게도 역시 한계로 작용한다. 어느 누구도 나를 구속할 수 없는데 우리 여성들에게는 너무나 안 좋은 고정관념들이 사회에 많다는 것을 느낀다.

다섯 살배기 아들에게 『넌 할 수 있어 꼬마 기관차』라는 책을 사 준 적이 있다. 내용은 간단하고 교훈적이다. 기관차가 고장이 났는데 이 기관차에는 산 너머 어린이들에게 줄 선물과 먹을거리가 실려 있다. 당연히 다른 기관차를 찾아야 하는데, 잘난 기차도 안 가겠다고 하고 나이 든 기차도 힘들어서 안 가겠노라고 말한다. 그때 꼬마 기관차가 "해 본 적은 없지만 한번 시도해 보겠어"라며 도전하여 결국 임무에 성공하고, 그 직후 꼬마 기관차는 "난 할 수 있어. 할 줄 알았어"를 외친다(이 장면은 가히 감동적이다!). 이 책을 읽어 주면서 아들 녀석에게 "나는 할 수 있어"와 함께 "I can DO it"을 가르쳐 줬더니 자기 스스로 운동화를 신는 것이 잘 안될 때면 안되는 발음으로"아캔두잇" "아캔두잇" "아캔두잇"이라고 말한다.

연구 결과도 그렇고 코끼리 우화도 그렇고, 결국 내가 하고픈 이야기는 '여성들이 숫자에 약하고 수학어 약하다'는 이야기는 어불성설이라는 것이다. 여성들도 남성 못지않은 실력을 발휘해 볼 수 있다. 여성들은 수학을 못하니 재테크에서 성공하는 것은 애초부터 안되는 일이라고 포기할 것이 아니다. 바로 그때가 우리도 "무슨 쏘리!! I can DO it!!!!"이라고 말해야 할 때이다.

'여자의 적은 여자'가 아니다!

'여자의 적은 여자'라는 말을 주로 듣는다. 또 '남자의 우정은 아내에 대한 사랑보다 더 강하다'는 말들도 많이 한다. 나는 이 말에 동의할 수가 없다. 나 스스로가 여자가 많은 시중의 한 은행 및 현재의 직장에 오기까지 '여자의 편은 여자'였던 적이 더 많았고, 남녀의 구분 또한 그다지 느껴본 적이 없기 때문이다. '여자의 적은 여자'라는 인식은 남성 위주의 조직이 만들어 낸 허상이다. 즉, 소수인 여성들 사이의 갈등을 조장하여 남성의 지위를 위협하지 못하게 하기 위해 만들어진 것이라는 뜻이다.

이런 나의 생각과 일치하는 연구 결과가 나왔다. 2007년 영국의 한 연구에 따르면 여자의 우정은 남자들 사이의 우정보다 훨씬 더 오래 지속되며 깊이도 깊을 뿐 아니라, 오히려 남성들의 친구 관계는 변덕스러워서 오래 지속되지 못한다고 한다. 남자들의 관심사는 '나에게 득이 되는 것이 무엇인가'에서 출발하기 때문에, 친구들과 사귀면서도 친구가 자신에게 무엇을 할 수 있는지를 생각하는 속성이 있기 때문이란다.

하지만 여성의 경우는 친구 자체에 관심을 갖고 친구가 무엇을 하는지 그리고 가족은 어떻게 지내는지 알고 싶어 한다. 그래서 지역적으로 멀어지거나 사회계층이 달라져도 오랫동안 친구 관계를 유지하는 것으로 나타났다. 즉, 여성들 간의 우정은 남성들의 그것보다 더 깊이 있고 도덕적이며, 여성들은 그러한 관계로부터 뭔가를 얻으려고 하기보다는 그 자체에 만족하고 있다는 것이다. 이는 곧 여성들이 우정을 통해 자기 스스로를 표현하고 동질성을 형성해 가는 방법과 관련이 있다는 것을 뜻한다. 또한 이 연구에 의해 여자들은 옛 친구를 중시하지만 남자들은 새로운 사람과 쉽게 친해진다는 점도 밝혀졌다.

　미국 갤럽의 설문에 따르면 여성 임원의 83%가 "성공한 우리는 우리의 여성 후배들이 성공할 수 있도록 도와야 한다"고 응답했다 한다. 이들 중 56%는 여성들 간의 네트워킹을 통해 다른 여성의 문제 해결을 지원하고 있다. 실제로 많은 국내 기업에서도 여성 직원들의 사내 모임이 정보 교환이나 고충 해결의 창구로서의 역할을 하고 있다. 많은 성공한 여성 선배들은 여성 후배들을 도와줄 마음의 준비를 이미 하고 있다. 본인들이 겪었던 차별을 통해 얼마나 여성 선배가 필요했는지, 여성 동지들이 함께하는 것이 얼마나 필요한지를 느꼈기 때문이다. 게다가 귀품을 잘 파는 여자들에게 있어 멘토의 조언은 금상첨화일 수 있다. 그러므로 여자들이여, 여자들에게 도움의 손길을 요청하라.

부자가 되는 힘은
이것에서 생긴다

뛰어난 감정

여성은 남성에 비해 감성이 풍부하다고 하는데, 실제 미국의 정신병학연구소의 발표에 의하면 남자와 여자는 뇌를 서로 다르게 사용한다고 한다. 여성이 남성보다 타인의 감정을 더 잘 파악하는 경향이 있는데, 이는 감정과 기억을 담당하는 신경 단위인 뉴런이 남성보다 여성이 11%나 더 많기 때문이라는 것이다. 한 학자의 말에 의하면 "여성은 감정 처리를 위한 8차선 고속도로를 가지고 있는 반면, 남성에게는 좁은 시골길 하나가 있다"고 하니, 여성들은 자신과 타인의 감정에 훨씬 민감하며 그 때문에 감정을 더 많이 말로 표현하고 싶어 한다는 것을 알 수 있다. 또한 여성은 다른 사람의 감정을 쉽게 짐작할 수 있지만, 남자는 다른 사람이 소리

를 지르거나 신체적 위해를 가하겠다고 위협해야만 비로소 상대의 감정을 깨닫는다고 한다. 아들과 딸을 다 길러 본 엄마들도 대개 이와 비슷한 이야기를 한다. 딸은 엄마가 화가 나서 표정이 조금만 달라져도 바로 눈치를 채고 그에 맞게 행동하는 반면, 아들은 말로 처음부터 끝까지 논리적으로 설명을 다 해 줘야 알아듣는다는 것이다.

이런 사실들만 보면 사실 여성이 재테크처럼 이성적 머리를 많이 쓰는 일에는 둔감하다고 생각할 수도 있겠다. 하지만 이런 면은 '감정을 어떻게 이용하느냐'와는 다른 문제인 듯하다. 여자들은 남자들보다 더 높은 감성 지능과 직관력을 갖고 있기 때문에 지도자로서 좋은 자질을 보여줄 가능성 또한 높다는 연구 결과도 호주에서 나왔기 때문이다. 감성 지능은 '감정을 잘 구분하고 처리할 수 있는 능력'을 말하는 것으로, 좌절감과 같은 부정적인 감정을 억누르고 자긍심 같은 긍정적인 감정은 크게 고무시키는 능력이 모두 포함된다.

이런 점에서 보면 사회조직에서 남성 관리자들보다 여성 관리자들이 확실히 그런 점에서 유리하다는 결론이 가능하다. 자신의 감정을 잘 억제할 수 있고, 다른 사람의 감정 또한 잘 이해할 수 있어야 조직의 융화를 이끌 수 있기 때문이다. 이런 관리자 밑에서 일하는 사람들은 매우 행복할 수밖에 없다. 각 개인을 하나하나 이해하고 적절한 관심을 보여줄 수 있는 능력 있는 관리자와 일을 하니 밑의 사람들이 당연히 만족하고 행복할 수 있는 것이 아니겠는가. 그러니 효율성이 오르고 생산성이 높아지는 것은 당연지사이다.

어쨌든 중요한 포인트는 여성은 감성 지능이 높기 때문에 일 처리를 할 때나 재테크를 할 때 감정에 휘둘리는 것이 아니라 오히려 자신의 감정을 잘 통제할 수 있다는 것이다. 통상 우리가 '여자는 눈물에 약하고 동정이 많다'라고만 무작정 믿었던 것이 어찌 보면 고정관념이었던 셈이다. 따라서 감정을 잘 다스리고, 재무설계사와 좋은 관계를 유지하면서 훌륭한 컨설팅까지 해 주게끔 유도하기에는 오히려 여성이 더 낫다고 하겠다.

특히 금융기관의 고객 중에서도 '여자 직원'을 선호하는 분들이 있다. 여자 고객들만이 여자 직원을 찾는 것이 아니라, 남자 고객들이 오히려 남자를 잘 알기 때문에 여자 직원을 찾는 경우가 있다는 뜻이다. 나의 고객 중 자수성가한 B사장님은 전담 직원인 내가 '여자'라서 좋단다. 처음에는 무슨 소리인가 했다. 다국적 기업의 대표를 오래 지내 1년의 반을 해외에서 지내시는 이 분도 어쨌거나 여자와 남자를 구분해서 판단하는 그런 분이셨나 하는 생각이 번쩍 들었다. 하지만 오해를 푸시는 그분의 말씀이 이렇다.

"내가 경험해 보니, 나도 그렇지만 남자 직원들의 경우 자기 뜻대로 주식을 사고팔 가능성이 높았어. 그러다 보니 내 의사와는 상관없이 사고도 나고, 내 의사가 왜곡되는 경우도 많았지. 하지만 여자 직원들은 고객들과의 커뮤니케이션을 중시하여 고객의 니즈를 알고자 하는 데 더욱 노력하더란 말일세. 그래서 나는 여자 직원이 내 자산 관리를 해 주는 게 편안하다네. 홍콩에 있는 내 계좌도 여직원이 관리하지.”

그분의 원칙은 너무나 간단했다. 자신이 생각하는 재무 컨설턴트는 ‘고객을 잘 알고 고객에게 맞는 포트폴리오를 제안해 줄 수 있는 능력’을 가지고 있어야 하고, 특히 그것을 커뮤니케이션으로 잘 전달할 수 있어야 한다는 것이었다. 워낙 바쁜 사람, 자신의 사업에 매달려 전력투구를 다하는 사람에게 수익률을 올려 주겠다며 제멋대로 의사 결정을 내리는 직원보다는, 고객의 의사를 잘 확인하고 그것에 집중해 주는 사람이 좋다는 것이다. 그러므로 여성의 뛰어난 언어 능력과 직관력은 컨설턴트로서뿐만 아니라 컨설턴트를 찾는 고객으로서도 정보를 얻고 더 나은 투자를 하는 데 충분히 좋은 수단이 될 수 있다.

멀티태스킹 능력

맞벌이를 하는 전씨는 아침에 일어나자마자 졸린 눈을 비비며 압력솥에 밥을 얹어 놓고, 세수를 하고 머리를 감는 중간 중간에 가스불을 맞춰 가면서 아이와 남편의 아침을 준비한다. 도시락도 싸고, 아이의 옷도 챙기는 등 할 일이 무척이나 많다. 하지만 남편은 고작 한다는 것이 일어나자마자 TV를 켜고 양치질과 세수와 자기 옷 챙겨 입는 것이 전부이다. 그것에 비해 전씨는 자기도 챙겨야 하고, 아이도 챙겨야 하고, 게다가 화장도 해야 하고, 머리도 만져야 하는 것이다.

그런데 아침마다 부부의 출근 준비에는 똑같은 시간이 걸린다. 남편은 부인이 아이와 자기 몸치장에 아침밥까지 뚝딱 해내는 것이 당연하다는 듯이 부인이 차린 밥상에 앉아 아침을 먹는다. 전씨와 남편은 대학교 때부터 캠퍼스 커플이었다. 전씨도 대학 졸업하고 직장에 다니면서 집안일이라고 해 본 것은 남편과 마찬가지, 즉 라면 끓여 본 것이 전부이다. 하지만 부인은 결혼 후 아이까지 낳고 여전히 직장생활을 하는데도 모든 살림살이까지 그녀의 몫으로 떨어져 매일 이 전쟁을 혼자 치르고 있다.

전씨는 남편이 언제쯤이면 이 많은 것들 중 일부를 해 줄 수 있을까 궁금하다. 둘째 낳는 것은 꿈도 못 꾼다. 하지만 남편 김씨도 항상 의아한 것은 마찬가지이다. 왜 자기가 도와주고 싶어 바삐 챙긴다고 챙기는데도 부인 전씨에게 도움을 줄 만한 시간적인 여유는 나지 않는 걸까? 같은 아침 시간을 보내는데도 부인은 10가지 일을 하는데, 자신은 자기 몸 챙기는 한 가지 일밖에 못하는 이유는 무엇일까 하는 것이다. 아침만이 아니다. 귀가 후 저녁시간에도 상황은 아침과 별반 다르지 않기 때문이다.

얼마 전 방송에서도 이것을 다룬 내용이 기억이 나는데, 이는 남녀의 두뇌 구조가 다르기 때문이란다. 남자의 뇌는 행동에 직접 관련이 되는 부위만 활동해 그것에만 집중을 하고, 여자의 뇌는 직접 관련된 부분 외에 다른 부분도 활동해서 동시에 여러 가지

재태크

일을 처리할 수 있다는 것이다.

미국에선 한때 '남학생의 위기'라는 말이 나돌았다. 즉, 여학생이 남학생보다 공부를 더 잘 한다는 것이다. 미국의 한 대학 연구팀이 8,000명을 대상으로 연구한 결과 여성이 남성에 비해 주어진 시간 내에 문제를 해결하는 능력이 뛰어났다고 한다. 남성과 여성의 지적 능력은 차이가 없었지만, 시험과 같이 제한된 시간 내에 문제를 푸는 능력 면에서 여성은 남성보다 훨씬 앞섰다. 또 남성은 시간 제한이 없을 때 주어진 과제나 문제를 더 잘 해결하는 것으로 나타났다. 이러한 능력의 차이는 어릴 때일수록 더욱 크게 나타나고 전 연령대에서 남성이 여성보다 느리다는 결론이 나왔다. 그러므로 아침마다 전씨가 김씨보다는 일을 더 많이 하게 되는 결론을 낳는 것이다.

나 또한 매번 느낀 것이 여자들은 이일 저일 하면서도 애를 돌보고 가사를 하고 직장을 다니고 있는데, 남편들은 왜 직장만 다니면서도 항상 "피곤해"를 외칠까 하는 것이었다. 물론 여자들이 그렇게 다양한 것을 머릿속에 넣고 다니다 보니 나처럼 남편으로부터 "에구, 건망증~"하는 소리를 듣는 일도 있긴 하다. 산만해지는 것도 인정할 수밖에 없다.

하지만 남자들이 한 번에 한 가지 일을 할 수 있는 것에 비해서 여자들이 한 번에 여러 가지를 할 수 있다는 것은 충분한 장점으로 작용한다. 우리는 경제를 공부하고 재테크를 하면서도 시장과 결부된 여러 가지 변수를 고려해야 한다. 즉, 현재 투자를 해야 하는 시점인지, 또 어디에 투자를 해 볼지, 앞으로 내 앞에 어떤 일이 생겨서(결혼 등) 어떤 만기 구조를 가져가야 할지, 그리고 목표 수익률은 어때야 하는지, 포트폴리오를 짜면서 어떤 금융 상품을 구성해야 할지 등을 말이다. 이렇게 한 번에 다양한 일을 할 수 있는 여성의 머리야말로 또 시간을 쪼개서 뭔가 이뤄볼 수 있는 좋은 도구가 되는 것은 아닐까.

정보 습득을 위한 다양한 루트

여자들로 하여금 돈을 못 벌게 하는 많은 고정관념 중 하나로 "리스크를 감수하지 않기 때문에 돈을 벌 수 없다"는 것이 있다. 하지만 이런 논리에도 반박할 만한 연구가 바로 우리나라에서 나왔다. 아주대학교 경영학부 김도영 교수는 2006년 6월에 내놓은 논문에서 위험에 관련된 남녀의 의식을 조사했다. 그는 총 126명의 남녀를 대상으로 기존의 의식적인 위험 감수 성향을 측정하는 설문지 방식(예: 임금이 비싸지만 리스크가 적은 국내에 투자하겠는가? 아니면 반대 조건인 외국에 투자를 하겠는가?)과 함께 무의식적인 위험 감수 성향을 측정하는 암묵적 척도를 개발, 연구에 이용했다.

그런데 남자 집단과 여자 집단으로 나누어 조사를 했더니 남자 집단의 경우가 여자 집단보다 월등히 위험 수용성이 높았다고 한다. 하지만 남녀를 따지지 않고 개별적으로 사람들에게 접근하여 위험을 얼마나 수용하는가를 조사했을 때에는 남녀의 성에 따른

10억 만들기
재테크 성공
노하우

차이가 거의 없었다. 즉, 남자라고 해서 더 위험을 추구하는 것도 아니요, 여자라고 해서 더 위험을 추구하지 않는 것도 아니라는 것이다. 결국 위험을 추구하는 성향이 있느냐 없느냐는 개개인의 성향과 관련된 것이다. 이는 곧 남자들도 채권이나 안정적인 정기예금만을 선호할 수도 있고, 여자들도 펀드나 주식 직접 투자를 하길 원할 수도 있다는 이야기이다. 실제 나의 고객 중에서도 남편은 은행만을 고집하여 확정적인 금리에 원금 보장 상품을 선호하여 증권사 문턱에는 오지도 않지만 그 부인은 오히려 직접적으로 주식에 투자하는 경우가 있는 걸 보면, 여자라고 해서 투자와 수익을 낮게 갖고 가야 한다는 것은 어불성설이다. 여성들 중에서도 충분히 모험과 도전을 즐기는 스타일도 있기 때문이다.

하지만 잘 모르면 위험을 감수할 수 없다. 아니, 감수해서는 안 된다. 아는 만큼 리스크도 질 수 있고 수익도 얻을 수 있기 때문이다. 이럴 땐 '달팽이의 경제력'을 빌려 보자.

달팽이는 느리지만 자신의 길을 묵묵히 가는 동물이다. 그런데 알고 보면 달팽이는 새로운 길을 가지 않고 다른 달팽이들이 갔던 길을 따라간다. 이유는 간단하다. 달팽이는 점액을 뿜으며 이동을 하는데, 자신이 새로 길을 내어서 갈 때 분비하는 점액의 양과 다른 달팽이가 다닌 길을 따라갈 때 분비하는 점액양의 차이가 크기 때문이다. 즉, 후자의 경우에는 전자보다 에너지 소모량이 35분의 1에 불과하다. 점액을 분비하는 것은 많은 에너지를 필요로 하기 때문에 달팽이가 먹이에서 얻는 에너지의 1/3를 사용할 정도이다. 그러므로 달팽이는 이미 닦인 길을 가는 경제적인 선택을 하게 되는 것이다. 이처럼 '남이 간 길을 따르면 새 길을 만드는 것보다 힘을 크게 아낄 수 있다'는 원리에 맞게 달팽이가 사는 것이니, 달팽이도 생존을 위해서 경제를 이용하는 것이라 할 수 있겠다.

투자에 있어서도 이와 마찬가지이다. 투자를 할 때 잘 몰라서 위험을 감수하기가 어렵다고 생각될 때에는 다른 사람들의 정보를 충분히 활용하자. 최근에는 인터넷 검색이 매우 발달되어 있고, 특히 각종 사이트와 동호회, 카페들이 만들어져 있기 때문에 나의 재무 상황을 올려 놓으면 컨설팅까지 무료로 해 주는 사람들도 엄청나게 많다. 물론 이와 같이 많은 정보 속에서 옥석을 가리는 것도 중요한 포인트이다.

어쨌거나 내가 전혀 모르는 황무지에 무작정 리스크를 걸 수는 없다. 그렇다고 가 보지 않았다는 이유로 새로운 투자에 관심조차 갖지 않는 것도 답은 아니다. 그렇기에 결국은 내가 답을 찾아 낼 수 있는 많은 정보 라인들을 구축해 놓는 것이 급선무이다. 당장은 직접적으로 크게 도움이 되지 않는다고 생각되더라도 언젠가는 "네 시작은 미약하였으나 네 나중은 창대하리라"라는 말이 절로 떠오를 때가 다가올 것이다.

일반인도 전문가로 만들어 주는 다양한 정보 사이트

구 분	사이트명	사이트 주소	비 고
재테크 정보 관련	웰시아닷컴	www.wealthia.com	재테크 전문가들의 칼럼과 전환사채 등 틈새 투자처가 잘 정리되어 있는 사이트
	머니투데이	www.moneytoday.co.kr	속보가 많고 특히 재테크 관련 기사가 많다.
	모네타	moneta.co.kr	주식부터 펀드, 보험등 다양한 영역의 재테크를 다루고 있다.
채권 투자 관련	동양종합 금융증권	www.myasset.com	채권 투자 수익률과 투자 기간이 잘 정리되어 있는 것이 장점
주식 투자 관련	팍스넷	www.paxnet.co.kr	실시간 주식시장 정보와 칼럼을 올리는 주식 고수들의 의견을 잘 가려 봐야 한다.
	금감원 전자공시시스템	tdart.fss.or.kr	각종 회사의 재무제표 및 감사보고서 등을 볼 수 있다.
	38커뮤니케이션즈	www.38.co.kr	장외주식의 주가와 거래 동향을 알 수 있고 기업의 재무 정보를 알 수 있는 곳
부동산 투자 관련	스피드뱅크	www.speedbank.co.kr	부동산 시세가 가장 잘 정리된 곳
	부동산114	www.r114.co.kr	시세 업데이트가 빠르고, 전문가 칼럼이 읽어볼 만하다.
	닥터아파트	www.drapt.com	생생한 내집마련 경험담과 숨겨진 고수들의 투자기법을 배우기에 좋은 곳
펀드 평가사	모닝스타코리아 제로인 한국펀드평가	www.morningstar.cc.kr www.zeroin.co.kr www.kfr.co.kr	펀드들의 성과에 따른 전문가들의 평가를 참고할 수 있다.

구 분	사이트명	사이트 주소	비 고
세금 관련	국세청	www.nta.go.kr	세금 관련 정보의 모든 것은 바로 이 사이트에 있다. 1588-0060 전화 번호도 알아 두면 국세청에 직접 전화해서 상담할 수 있다.
기타	삼성경제연구소 LG경제연구소	www.seri.org www.lgeri.com	재테크뿐만 아니라 경제 전반에 대한 연구원들의 보고자료는 투자에 있어 중요한 자료가 된다.
	재정경제부	www.mofe.go.kr	펀드 비과세 관련 정보가 이 사이트에 있다.

부드러움 속의 카리스마 ▌

최근 몇 년 동안 인기 있었던 한국의 영화나 안방극장의 여성 캐릭터들을 떠올려 보자. 삼순이, 맹순이, 극순이, 말순이까지 모두 순수하고 오염되지 않은 인간형 일색이고, 오히려 사회적으로 성공을 이룬 능력 있는 여성은 순수하지 않은 것으로 묘사되기도 한다.

'국민 여동생'인 문근영 또한 마찬가지이다. 그녀에 대한 전 국민의 관심은 그녀가 가진 순수함에서 비롯된다. 티 없이 맑고 순수한 눈망울, 젖살이 채 빠지지 않아 통통한 뺨은 순수를 상징하는 이미지 기호가 되었다.

게다가 최근 현실 속의 여자 연예인들은 '섹시'와 관련된 것이 아니면 자기 어필이 안되는 모양이다. 자기가 '데리고 다닐' 여자는 섹시해야 하고 자기가 '데리고 살' 여자는 순수해야 한다는 남성 위주의 사고방식이 우리의 안방극장에도 넘실거리고 있는 것인가. 섹시 코드 아니면 순수 혹은 청순이라는 코드만이 여성에게 인정되는 것인 양 TV에 나오는 한결 같은 여성들의 모습을 보면 여성에게 바라는 그 외의 것은 없는 것처럼 여겨지기도 한다.

절세미인으로 알려진 클레오파트라가 실제로는 미인형과는 거리가 멀다는 연구 결과가 나왔다. 2천 년 전의 로마 시대 은화를 연구한 결과 클레오파트라는 좁은 이마에 뾰족한 턱, 얇은 입술, 날카로운 코를 가진 인물로, 우리가 생각하는 미인형은 아니었다는 것이다. 로마 작가들은 클레오파트라를 매우 지적이며 카리스마와 매혹적 목소리를 소유한 여인으로 묘사했으나 그녀의 미모에 대해서는 언급하지 않았다. 하지만 후세로 갈수록 '남자를 유혹하는 요부'로서의 섹시한 클레오파트라로 그녀의 이미지가 만들어진 것이라는 주장도 있다. 가면 갈수록 여성의 본질보다는 외모에 초점을 맞추는 시대가 되어 가고 있는 것이다. 세상이 변하는 것과 상관없이 중요한 것은 바로 본질이라는 것을 우리 모두가 알고 있는데도 말이다.

한때 시류를 이루던 책들은 여자들에게 "남자들처럼 행동해야 성공한다"고 외쳤다. 이 세상의 판도가 남자들 위주로 구성되어 있으니 그들의 세상에서 성공하려면 그들의 머리로 생각하고 그들의 행동을 따라 해야 한다고 말이다.

하지만 『여성과 조직 리더십』의 저자인 이화여대 강혜련 교수는 "남성들은 위협적인 여성을 무의식적으로 배제한다"고 지적한다. 그러므로 무작정 카리스마 있는 리더십만이 답은 아니라는 것이다. 성공한 여성 리더들을 보아도 그것을 알 수 있다.

휴렛 팩커드의 전 CEO 칼리 피오리나의 경우 표면적인 사임 이유는 실적 부진이었지만, 더 큰 이유는 너무나 강한 그녀의 리더십 스타일로 빚어진 이사회와의 갈등 및 회사 문화와의 충돌이었다. 『뉴스위크』지도 피오리나 회장의 "딱딱한 회의와 사업 계획의 선호가 HP의 조직 문화와 갈등을 일으켰다"고 말한 바 있다. 휴렛 팩커드의 문화는 전통적으로 경영진과 종업원 간의 격의 없는 대화를 중시했지만 그녀는 그런 문화와 상관없이 자신의 '강한' 스타일을 너무나 부각시켰고, 그에 대한 강한 반발은 휴렛 팩커드 사내에 인터넷과 이메일 등을 통해서 빠르게 확산되어 나갔던 것이다.

얼마 전 『중앙일보』와 인터뷰를 가졌던 김용아 맥킨지 파트너는 "너무 여성스러우면 심각하게 받아들여지지 않고, 공격적으로 나오면 여자가 너무 심한 것 아니냐고 하는 경우도 많이 봤다. 부드러우면서 강인한 것이 무엇인가 고민을 많이 했다"며 솔직한 심정을 털어놓았다. 즉, 여성의 경우 리더로서 강한 카리스마를 내세우기보다는 자신만의 색채를 찾아 그것을 커뮤니케이션의 장점으로 활용, 회사의 성장과 조직의 목표 달성에 기여하는 것이 중요할 것이다.

나를 알고,
우리를 알아야
행복해진다

뭐니뭐니 해도 가장 중요한 것은 돈이 사람을 행복하게 하는 게 아니라, 행복한 사람이 돈도 많이 번다는 것이다. 얼마 전 미국의 심리학자는 '삶의 질'과 관련된 목록을 만들었는데, 건강, 자긍심, 목표, 돈, 일, 놀이, 배움, 창의성, 남을 돕기, 사랑, 친구, 자녀, 친지, 가정, 이웃 커뮤니티 등 총 16가지 요소가 이에 해당된다고 밝혔다. 그의 말에 의하면 "행복할수록 직장에서 더욱 의욕적이며 생산적이다. 고객이나 상사가 더 큰 만족감을 느끼게 만들고 그 덕분에 더 많은 급여를 받는다"고 한다. 물론 알이 먼저냐 닭이 먼저냐의 논리이겠지만…….

돈이나 물질의 가치를 상위에 놓는 사람들일수록 더욱 비관적이며 불행하다는 사실은 익히 알려져 있다. 그러므로 부가 행복의

조건인 것이 아니라 행복이 부자의 조건이고, 이는 여성에게 있어서도 마찬가지이다. 즉, 여성도 행복해야 부자가 될 수 있다. 이는 여자라도 반드시 경제력이 있어야 하니까 돈을 벌러 나가라는 이야기, 혹은 남성들의 세계에서 살아남으려면 경제력이 있어야 하니 독기를 부리라는 것도 아니다. 지금까지의 나를 버리고 새로운 나로 살라는 것도 아니다. 지금까지 우리가 잘못 알았던 많은 고정관념들을 떨쳐 버리고 본래의 여성인 나를 찾으라는 이야기이다. 여성에게 하나하나 얹혀져 온 많은 콤플렉스들, 또 스스로가 뒤집어 쓴 굴레를 벗어 던지자는 것이다. 여성 자신의 색깔에 맞도록 삶을 살아가다 보면 행복해지고 또 그 행복이 나를 부자로 만들어 주기 때문이다.

다음 장에선 그렇게 자신을 발견하고 또 자신이 아는 만큼 잘 투자하여 부자가 된 여성들의 사례를 보면서 나에게서도 발견할 수 있는 '부자가 될 열쇠'를 찾아 보자.

맑은 가을 하늘 같은 '나에 대한 신뢰 통장'!

혼기를 채운 딸을 둔 고객 한 분이 집안도 괜찮고 재력도 꽤 있는 집으로 딸을 시집 보냈다. '그래도 돈 있는 집안으로 가면 잘 살겠거니' 하는 심정으로 이 고객은 결혼식도 사돈집에서 원하는 대로 화려하게, 그야말로 공주와 왕자가 결혼하듯 있는 것 없는 것 다 갖추어 보냈다.

하지만 살면서부터 문제가 시작되었다. 남자는 매일 술을 먹고 늦게 들어왔고, 일에도 수완이 없어서 회사에 대한 불만으로 투덜거렸다. 게다가 자기 공부를 하고 싶어 하는 여자에게 "아이 낳고 키우며 집안에 있어야지 어딜 다닌다는 소리냐"며 압박을 가해 왔다. 그러니 둘은 매일 다투었고, 그렇게 궁합이 안 맞으니 자식 또한 생길 수도 없었다. 5년이 되던 해에 끝내 이혼을 한 두 사람은 모두 결혼생활에 이력이 나 새로운 사람과의 새로운 시작은 엄두도 내지 못하고 있는 상황이라고 한다.

다 큰 자식을 계속해서 데리고 살아야 할 판이니 고객은 속이 타들어갔다. 게다가 너무나 화려했던 결혼식 탓에 친구들에게는 딸아이의 이혼 이야기는 하지도 못하고, "손주 볼 때 안되었냐"는 친구들의 물음에 이리저리 답만 피하고 있다.

이런 이야기를 접하다 보면 과연 사는 것에 있어서 결혼, 생활, 사람 등이 무엇인지에 대해 많은 생각을 하게 된다. 돈이라는 것은 눈에 보이는 것이기 때문에 우리는 재테크든 어떤 다른 옳은 수단 등을 이용하여 돈을 모으겠다는 목표를 갖게 된다. 그처럼 돈은 눈에도 보이고 그 효용 또한 크게 느껴지는 대상이다.

그런데 눈에 보이지는 않지만 사람과 사람기 사는 데 있어서 돈보다 더 중요한 것은 바로 사람에 대한 신뢰, 다시 말해 '사람에 다한 통장'이다. 위의 사례를 눈에 보이게 바꾸어서 다시 살펴보자.

신랑과 신부 모두 처음에는 서로에 대해 100이라는 잔고가 찍힌 통장을 갖고 있었다고 치자. 신랑은 결혼하자마자 술을 먹고 귀가하는 일이 잦아졌다. 신부는 신랑을 이해하려 했지만, 그런데 그것이 하루 이틀 일로 끝나지 않았고, 술을 먹다 보니 신랑도 실수를 하기 시작했다. 그래서 신부는 '저렇게 매일 술이나 마시고 다니는 사람의 자식을 낳아야 하는가'라는 생각에까지 이르렀고, 그 순간 신랑에 대해 신부가 가지고 있는 통장의 잔고는 80으로 내려간다.

그렇게 살다가 어쩌다 부부는 싸움에 이르렀는데 신랑은 신부가 하고자 하는 공부 또한 못 하게 한다. 애나 낳아서 키우라는 봉건적인 입장이 신부에겐 상처가 되고, 이때 통장 잔고는 다시금 50으로 내려간다. 의견 차가 점점 커지는 가운데 싸우다 보니 서로의 집안에 대한 갈등도 생겼고, 결국 통장의 잔고가 바닥을 넘어 마이너스로 넘어간다. 이제 잔고는 −200이다. 신랑에 대한 신용이 어느 정도 마이너스를 기록할 때까지만 해도 신부는 참았지만 −500이 되자 결국 경매로 처분하기로 마음을 먹는다. 그것이 바로 신부에겐 이혼이다.

물론 신랑에게 모든 잘못이 있고 신부는 100% 잘한 것이라고는 말할 수 없다. 갈등이라는 것이 어느 한쪽 만의 잘못으로 생기는 것은 아니니 말이다. 반대로 신랑의 입장에서도 신부에 대한 통장 잔고는 원래의 100에서 점점 떨어지기만 했던 것이 사실이다. 그러니 결국 그도 이혼서류에 도장을 찍었던 것이다.

이렇게 사람에 대한 통장은 눈에 보이지 않지만 큰 위력을 발휘한다. 이것은 결혼생활에서뿐 아니라 사회생활이나 친구들 및 모든 인간관계에 적용된다.

성공했다는 사람 중에 평판이 나쁜 사람은 찾아보기 힘들다. 성공한 당사자들 역시 '성공의 열쇠는 결국 인맥'이라는 말을 많이 했고, 성공에 앞서 인간답게 살아보고자 노력했다고들 한다. 그러고 보면 그들에 대한 사람들의 통장에는 100이라는 숫자를 훨씬 넘는 잔고가 기록되어 있기 마련이다.

우리 주변도 한번 살펴보자. 자신의 배우자부터 시작해서 친구들, 직장 동료들 및 다른 사람들…… 나에 대해 그들이 가지고 있는 통장에는 과연 잔고가 얼마로 찍혀 있을까? 누군가는 나에 관한 신뢰를 마이너스로 기록해 두어서 혹시 내가 경매로 넘어갈 판이 아닐까? 그런 줄도 모르고 나는 내가 인생을 잘 살고 있다고 혼자서만 우기고 만족하고 있는 것은 아닐까?

이렇게 나에 대한 신뢰 통장을 생각해보면 함부로 행동할 수도, 함부로 말할 수도 없다. 물론 세상의 모든 사람들을 만족시킬 수는 없으니, 나에 대해 모든 사람들이 가지고 있는 통장에 항상 높은 수준의 잔고가 찍히게 할 수는 없을 것이다. 하지만 내가 힘들고 가장 어려울 때 도와줄 수 있는 나의 지원군들 사이에서만큼은 높은 잔고를 유지할 수 있어야 한다. 신뢰 통장에서 낮은 잔고를 유지하는 사람치고 행복하게 사는 이는 없을 것이기 때문이다.

제 3 장

그녀들이 부자가 된 이야기

그녀들에겐 분명
특별한 것이
있다

‘우리 주변의 여자 부자들로는 누가 있을까’ 하고 막연히 생각해 보면 별로 없는 것 같다. 얼마 전 5캐럿짜리 다이아몬드 반지와 벤츠 자동차 등 약 7억 원 정도에 해당하는 프로포즈 선물을 받았다는 연예인이 생각나고, 재벌 2세의 부인이 되었다는 모 아나운서가 생각나는 정도이다. 물론 그렇게 화려하게 결혼했다가 결국 이혼에 이른 이전의 다른 여자 연예인들도 연이어 생각난다. 그러다 보니 재벌가의 며느리 정도가 여자 부자들의 전형처럼 보인다.

하지만 나처럼 PB고객들을 만나는 컨설턴트들은 알고 있다. 너무나 뻔하게 콩나물 값만 아끼고도 지금처럼 부자가 된 아줌마들, 또 공부와 노력으로 자수성가한 주부들 등 평범하면서도 성공한 여자 부자들이 얼마나 많은지 말이다. TV나 신문에만 나올 것 같은 아줌마들이지만 소리 소문 없이도 지금의 부를 이루고 있는 많은 여자 부자들에게 그들만의 어떤 노하우가 있었는지 들어 보자.

발품 팔고
묻는 만큼
돌아온다

자신을 드러내야 리스크도 감수할 수 있다

최근의 투자 시장은 말 그대로 변화무쌍하다. 한때 일어났던 바이 코리아(Buy Korea) 붐이나 뮤추얼 펀드 붐처럼 해외 펀드 붐이 일고 있다고 해도 무방하다. 그래서 그런지 너도 나도 무조건 "무슨 펀드가 좋냐"는 질문을 많이 해 온다. 예전에는 증권사에 발도 들여놓지 않았던 사람들이 이제 주식이 아닌 펀드를 하기 위해 하나 둘 찾아오는 것으로 봐서는 정말 대한민국이 펀드 공화국이 될 날도 멀지 않았다 싶다.

특히 증권사의 경우 수익 지향적인 성향 때문인지 남자 고객이 상당수를 이루지만, 최근에는 여자 고객들 또한 채권이나 공모주에서 펀드 같은 실적 배당형 상품들을 찾아 문의를 하고 있다. 아직 경험 없는 그녀들은 하나 같이 '그냥' '좋은 펀드'를 권유해 달라며 질문을 해 온다.

하지만 나는 거꾸로 그녀들에게 질문을 던진다. "목표 수익은 어느 정도이신가요? 위험은 얼마나 감수할 수 있으신가요? 그동안 해 본 것들로는 무엇이 있으신가요?"라고 말이다. 하지만 이 질문에 대답들은 거의 뻔한 수준이다.

일단 "목표 수익률은 높을수록 좋은 것"이고, "리스크는 없을수록 좋은 것"이란다. 그리고 "그동안에 해 본 것은 은행에서 권유하는 적립식 펀드 한두 개"가 고작이다. 그러면서 요즘 신문에서 유럽이 좋다고 했다느니, 리츠가 좋다느니, 베트남이나 중국도 좋다고 들었다느니 하며 말하기 바쁘다. 그러나 안타깝게도 이들은 한 마디로 '들은 것은 많으나 두서가 없다'는 공통점을 가지고 있다. 결국 그녀들은 정작 가장 중요한 '자신은 어떤지'에 대한 관심은 전혀 없으면서 그냥 주워들었던 것들을 정리도 하지 못한 채 풀어 놓는 것이다.

PB를 하면서 만나게 된, 환갑을 훨씬 넘긴 K씨는 정말 일이면 일, 돈이면 돈으로 성공하지 않을 수 없는 분이다. 다른 사람을 통해 소개로 나를 처음 만나던 날 그분은 이런 말씀을 하셨다.

"먼저 나를 소개하지. 나는 일찍부터 사업을 시작한 사람이야. 고생 많이 했어. 안 해 본 것 없이 했지. 그중에서도 나는 건설이 업이고, 빌딩도 작은 거 말고 큰 거만 해. 그래도 이제는 손 뗄 때가 됐지. 그래서 말인데, 나는 임대 수익 이상은 나와야 하네. 내가 여기와 거래하려면 적어도 7% 이상의 이익이 순수하게 떨어져야 하는 거야. 그 미만으로는 절대로 투자하지 않을 생각이네.

리스크는 아는 만큼만 감수할 걸세. 그라도 원금을 까먹어서는 안 되겠지(웃는다). 또 빌딩으로 임대 수익을 많이 챙겨 보니 1개월이나 3개월마다 뭔가 꼬박꼬박 나오는 게 좋아. 세금은 좀 걱정이 돼. 그러니 세금과 관련된 것은 예민하게 챙겨 주길 바래. 현재 두 개의 은행과 거래 중인데 A, B펀드에 투자 중이니 고려해 줘. 당신이랑 이제 친해져야 내 돈을 많이 굴려 줄 게 아닌가. 나를 잘 좀 알아 두게.”

위의 예에서 보는 것처럼 그녀는 자신을 ‘드러냈다.’ 그리고 어찌 보면 너무나 적나라하게 자신을 표현하고 있다. 만약 당신이 ‘대개의 부자들은 자신의 돈을 숨길 것이다’라고 생각하고 있다면 그것은 오산이다. 그들은 오히려 자신을 드러내고 밝힌다. 자신에 대한, 자기에 대한 이야기들을 너무나 명백하게, 그것도 첫자리에서 더욱 당당히 말한다. 이유는 간단하다. 컨설턴트가 나에 대하여 많은 정보를 가질수록 내게 더욱 ‘집중’적으로 ‘맞춤화’된 포트폴리오를 줄 것임을 경험으로 알고 있기 때문이다. 일단 좋은 컨설턴트라는 말은 들었으니 서로 만난 것이지만, 상대에 대해서 아는 것이 없고 신뢰 역시 아직 쌓여 있지 않은 상태에서 무작정 그냥 “잘 해 주세요”라고 말하기에는 리스크가 너무 크다는 것이다. 즉, K씨는 상대가 내게 잘 해 주기를 원하면 자신의 ‘정보'를 줘야 한다는 것을 알고 있었고, '자신을 알아 주는 것이 바로 자신을 지켜 주는 것'이라 생각했던 것이다.

게다가 중요한 것은 돈이다. 즉, 수익이 나도 그것은 고객이 가질 것이고, 손해가 나도 그것은 고객의 책임이다. 나라는 사람, 즉 컨설턴트는 오로지 조언만 할 뿐, 결과적으로 최종 판단은 고객이 하는 것이기 때문이다. 그래서 K씨, 그녀는 나를 금융 비서로 둘 자격이 있는 사람이다.

그에 반해 금융에 대해서 너무나 문외한이고 적은 투자금을 가지고 금융기관을 찾은 사람일수록 자신을 숨긴다. 아니, 표현하지 못한다. 어떻게 말해야 할지도 모르겠고, 너무 돈이 적다고 생각해서 그런지 본인이 필요로 하는 것이 무엇인지도 밝히지 못한다. 그냥 '좋은 것'만 찾고 그냥 "잘만 해 달라" 한다. 뭐가 좋고 뭐가 잘하는 것인지의 관건은 사실 '그녀 자신'인데도 말이다.

그러한 것들을 분명히 말할 수 있으려면 상담을 해 오기 이전에 '나는 무엇을 좋아하고, 무엇을 회피하는가' 등 '자신'을 먼저 알아야 한다. 그래야만 그 다음 단계로 자기에게 맞는 투자가 시작되는 법이기 때문이다. 그러니 그저 친구를 따라서, 혹은 "신문에서 XXX 펀드가 좋다고 하더라"라는 말만 믿고 어떤 펀드에 가입하기 이전에 자기의 투자 마인드가 무엇이고 어느 정도의 목표 수익률이면 좋을지, 그리고 어느 정도의 리스크를 자신이 감당해 낼 수 있는지 스스로 먼저 체크해 보자. 그러한 당신이라면 바로 또 다른 K씨가 될 수 있다.

돌다리도 두드리며 걷는다 ▮

사업가로서 성공하는 여성 CEO들의 면면을 보면 대개 남편이 큰 사업을 하다가 갑작스럽게 교통사고를 당하거나 병에 걸려 세상을 떴거나 하는 등의 사정으로 어쩔 수 없이 힘들게 사업을 대신 맡아 이끌어 간 경우가 종종 있다. 그녀들은 주부로서의 얌전한 삶을 살다가 갑작스럽게 사업가로 변모하여 성공하는 경우에 해당되니, 실로 노력과 열정의 대가라 하겠다.

하지만 K씨, 그녀의 인생은 정말 '고단'과 '대단'의 연속으로 이뤄져 있었다. 부자들의 면면이 항상 궁금한 나는 그녀의 강단 있는 얼굴을 보고 뭔가 있을 것이라 짐작은 했다. 그녀는 체격이 꼭 남자만 했고, 손도 상당히 컸다. 또한 목소리는 허스키했고, 웃음은 시원했다. 이미 환갑이 지나 칠순을 보는 나이지만 그녀의 눈빛만은 또 다른 발전을 희망하는 듯 보였다.

그녀는 20대부터 열심히 일만 했다고 한다. 남편은 그저 너무나 얌전한, 소위 말하는 '범생'이었고, 작고 이름도 없는 연구소의 연구원으로 월급쟁이 생활을 했단다. 아이들 3명이나 낳았는데도 남편은 그저 언제나 같은 월급을 갖고 오는 사람이었고, 그녀 입장에서 보면 그 월급은 식구들이 살기에 너무나 턱없이 부족했다. 그래서 그녀는 남편에게 다른 무언가를 해 보기를 종용했다지만 남편은 여전히 지금도 연구소의 소장이라고 한다.

결국 그녀는 '내가 무엇을 할 수 있을까, 무엇으로 벌이를 더 할 수 있을까'를 고민하던 끝에 작은 목돈으로 부동산 개발업을

하기 시작했다. 처음에는 그냥 작게 집이나 지어서 팔았다. 첫째
와 둘째 아이는 언니네에 맡기고 막내는 업어 가며, 또 부탁해 가
며 사업에 손을 댔다. 여자가 사업을 한다고 주위에서 말리기도
엄청 말렸다. 이유는 단지 하나, "아이나 키우지, 여자가 사업은
무슨 사업이냐"였다. 하지만 그녀는 그럴수록 악이 올랐다. 그녀
의 오기는 지금도 그녀의 눈빛을 보면 알 수 있다. 아직도 "할 수
있다, 이룰 수 있다"는 그녀의 눈빛 말이다.

결국 작은 집을 지어서 팔다가 점점 더 큰 집을 팔게 되었고, 더
나아가 빌딩까지 사업의 규모가 커졌다. 지금의 그녀는 이름만 대
면 알 수 있는 큰 빌딩을 짓는 건설업의 대가가 되었다. 그러면서
도 그녀는 사업을 하면서 그 흔한 대출 한 번 안 해 봤다고 한다.
"순진하게도 난 말이지, 대출을 하면 망하는 줄 알았지 뭐야"라며
그녀는 웃는다.

누구에게 도움을 청하기보다는 '돌다리라도 두드리며 걷기'라
는 생각으로 지금까지 왔다고 하는 그녀는 지금도 그게 맞다고 생
각한다. '정석으로 인생을 살아야 정석으로 성공도 할 수 있다'
고 생각한다는 그녀는 자신이 번 돈은 지금까지 그렇게 해서 모은
돈이라고 한다. 자신은 탈세할 생각도 해 보지 못했고, 많다 싶어
도 그냥 내라는 대로 세금을 내는 것이 마음이 더 편하단다. 그리
고 그렇게 힘들게 모았으니 이제는 제대로 쓰고 싶단다.

그녀의 돌다리에 대해서 좀 더 자세히 들어 보자. 그녀는 솔직
히 무슨 금융상품 하나 가입하려면 거짓말 보태지 않고 한 10번

쯤 전화를 걸어 온다. 내가 전화하는 것이 아니라 그녀가 전화를 나한테 거는 것이다. 그녀는 확인하고 또 확인한다. 나한테만 확인하는 것도 아니다. 그녀가 거래하는 다른 금융기관에도 우리 상품에 대해 물어본다. 내가 말한 내용이 맞는지도 물어보고, 자신이 이해한 것이 맞는지도 확인을 하고, 그와 유사한 다른 상품도 있던데 어떤 점에서 차이가 있는 것이냐고도 묻는다. 그리고 마지막으로 또 내게 전화를 해서는 "미안한데, 정말 확실한 것이냐"고도 묻는다. 가끔은 상품을 권유하기 두렵다는 생각이 들 정도로 그녀는 그토록 전화를 걸어 온다.

그리고 말한다. 그녀의 살아온 삶이 이랬단다. 하나라도 그냥 넘어갈 수가 없었다 한다. 여자 혼자의 몸으로 큰 빌딩을 지으면서 하나하나 자신이 다 챙기고 또 확인하고 확인해야 했고, 그것이 버릇이 되어 무엇이든 그렇게 안 하면 직성이 안 풀린단다. 대신 그렇게 한 번 결정 내린 것에 대해서는 자신이 책임을 지고, 그에 따른 후회 역시 하지 않는다 말한다.

사실 나는 그녀와 거래하면서 어떤 고객보다도 즐거운 관계를 유지할 수 있었다. 그녀 자체가 성공을 하기 위한 정석을 나에게 보여 주었기 때문이다. 나 또한 그녀처럼 확인하고 또 확인하는 버릇을 그녀 덕에 안 기를 수가 없었다고나 할까.

정보는 나의 발품, 귀품, 눈품, 손품이다 ▮

K씨에게 모 회사채를 하나 소개한 적이 있었다. 이것저것 다 확인해 본 결과 그녀에게 좋은 투자처가 될 것이라 생각했다. 이번에는 그녀가 걸어올 열 통의 전화를 두 번이나 세 번쯤까지 줄여 볼 요량으로 아예 처음부터 매우 자세히 설명하고 또 설명했다. 이쯤 설명했으면 괜찮았겠지 싶은 생각도 들었는데, 70이 다 되는 그녀로부터 당연히 또 전화가 왔다. "인터넷으로 회사 IR 정보 검색을 했더니 재무제표 관련 정보가 별로 없더라"면서, 그 회사 정보를 보려면 어디에서 찾아야 하느냐는 것이 질문의 요지였다.

아! 정말이지 할 말 다했다. 내가 생각하고 자세히 말한 정보량 또한 그녀에게는 턱없이 모자란 것이었다. 결국 본인이 직접 투자할 회사에 대해서 인터넷으로 알아보고 그 회사의 IR 정보도 봐야 하며 재무제표를, 그것도 최근 것으로 보고 싶다는 그녀였다. 그녀, 정말 무섭지 않은가? 이런 그녀가 나는, 실례되는 말인 줄은 알지만 너무나 예뻐 보였다. 나이 70이 다 되는 그녀는 나의 멋진 고객이다. 이런 그녀가 어찌 매력이 없다 하겠는가.

결국 나는 좀 더 전문적으로 구체적 내용을 볼 수 있는 DART 사이트(http://dart.fss.or.kr : 금융감독원 전자공시시스템으로, 우리나라 기업이 금융감독위원회 등 관계기관에 제출하는 신고 또는 보고서 등의 내용을 실시간으로 일반인에게 공시하고 있다. 그러므로 회사의 내용에 대한 자세한 감사보고서 자료 등을 검토하는 사람들에게 유용한 사이트이다)를 알려주었다. 그리고 그녀에게 몇몇 신용평가사 사이트들

재테크이론

과 어떻게 그것들을 이용하면 되는지를 알려주고, 내가 보고 있는 신용 평가 등급 관련 자료를 팩스로 넣어 주었다.

무서운 그녀! 나이 70이 다 된 그녀는 내가 말한 것을 놓치지 않고 모두 찾아봤다. 대충 듣고 믿고 한 것이 아닌 것이다. 스스로 책임을 져야 하는 자신만의 투자이기 때문에 그녀는 70이라는 나이에 마우스를 클릭했고 키보드를 쳤다. 예전에 나는 증권사에서 주식을 집에서도 할 수 있는 트레이딩 시스템이 유행되기 시작하면서 연세 많으신 투자자들에게 PC사용법을 가르친 적이 있다. 시스템을 이용하는 법을 가르친 게 아니라 어떻게 마우스를 움직여야 하는지, 키보드는 어떻게 두들기는지 하는 것들을 말이다. 컴퓨터를 다뤄 본 적이 없는 60~70대 고객들은 마우스를 작동시키는 것조차 어려워한다. 손이 뜻대로 마음대로 안 움직인다는 것이다. 그런데 같은 70이 다되어 가는, 그것도 엄청난 수의 아래 직원들을 두고 있는 노 여사장님께서 직접 손수 인터넷으로 자신의 투자처를 알아보고 찾아본 것이다.

그녀는 인터넷만 활용하는 것이 아니라 신문도 정말 열심히 읽는다. 그냥 평범한 가정주부처럼 보이는 그녀는 새벽마다 4대 일간지 및 2개의 경제지, 건설 신문까지 본다. 자그마치 합이 7개에 달하는 신문들을 매일 꼼꼼히 읽는 것이다. 그것도 새벽같이 일어나 신문이 집 앞에 배달되자마자 본다. 혹여나 그날 읽지 못하는 상황이 발생하면 정보들을 놓치지 않으려고 나중에라도 꼭 본다.

그녀가 신문을 읽는 이유는 자신이 모든 경기와 영향이 있는 건

설업을 하기 때문이라고 했다. 그리고 신문과 내용이 다를 수도 있기에 직접 가 봐야 할 곳에는 꼭 발품을 들인다고도 했고, 그렇기 때문에 하나라도 놓칠 수가 없다고 말했다. 이처럼 매일 매일 신문을 들고 사는 그녀임을 안 후에야, 나는 왜 종종 그녀가 "XX 일보 몇 번째 면에 무슨 내용이 나왔는데 이것은 이렇게 해석하는 것이 맞냐"는 질문을 내게 던졌는지를 이해할 수 있었다.

그녀의 노하우는 바로 여기에 있었다. 열심히 알아본다는 것! 이것은 아주 간단한 노하우이다. 그녀는 자신이 이해하고 납득이 갈 때까지 알아본다. 여기저기에서 듣고, 그에 그치지 않고 찾아보고 확인하기까지 한다. 그 수단이 신문이 되었든 인터넷이 되었든 말이다.

여러 명의 금융 비서를 두어라

그녀는 여러 신문을 보는 이유를 "시각의 차이가 있기 때문"이라고 한다. 같은 내용에 대해서도 이 신문과 저 신문의 이야기와 해석이 다르다. 그런 것처럼 그녀는 내게도 자신이 여러 금융기관과 거래하고 있음을 거리낌 없이 이야기했다("내 성격을 잘 아는 한 차장이 그중 가장 확실해"라며 내게 칭찬을 아끼지 않은 것도 그녀의 노하우 중 하나가 아닐까). 즉, 여러 금융기관과 거래해야 금융상품도 다양하게 소개 받을 수 있다는 것이다. 그래야 투자처가 한쪽으로 쏠리지도 않는다.

또 하나 중요한 포인트는 다양한 금융기관으로부터 다양한 시각으로 투자에 대한 의견을 듣는다는 것이다. 흔히들 "주거래 금융기관을 이용하면 많은 혜택을 얻을 수 있다"고들 한다. 과연 실제로 그럴까?

일반 회사에 다니는 J씨는 항상 자신보다 일찍 출근하고 늦게 퇴근하는 남편보다 조금이나마 더 시간을 활용할 수 있어서 자신의 명의로 통장을 많이 개설해 두었다. 또한 월급 및 모든 공과금과 관련된 거래도 A금융기관의 한 통장에서 이루어지도록 해 놓았다. 그러나 막상 아파트를 한 채 구입하는 과정에서 그녀는 자신이 거래하는 금융기관보다 타 금융기관이 더욱 대출 금리나 조건이 좋다는 사실을 알게 되었다.

최근 금융기관들이 고객들에게 경쟁적으로 대출을 해 주면서 다양한 조건들을 내놓고 있다. 그러다 보니 꼭 자신이 거래하는 금융기관에서 제시하는 '우대 조건'이 다른 금융기관에서 내거는 조건보다 엄청나게 좋은 것만은 아닌 경우가 종종 생긴다. 결국 그녀는 본래 거래하는 A금융기관에서 투자는 계속하되, 지금까지 거래가 없었던 B금융기관을 이용하여 대출을 받았다.

J씨의 경우처럼 알고 보면 주거래 금융기관이 제 역할을 못할 때가 많다. 주거래 금융기관이 그렇게 좋다면 왜 사업을 하는 K씨가 한 곳만을 고집하지 않을까? 그녀는 한 곳을 고집하기보다는 여러 개의 금융기관을 두고 거래하는 것이 더 많은 정보를 잘 받을 수 있는 방법이라고 생각했다. 특히 지금까지 그녀의 삶은 무

척이나 바빴다. 아이들을 키우는 엄마로서도 그렇고 사업가로서
제 역할을 해야 했던 그녀는 정보원을 하나만 두고서는 일을 할
수가 없었다. 게다가 돌다리도 두드려 보는 그녀의 성격으로는 한
곳의 말만 듣고는 투자할 수 없었을 것이다. 물론 원금이 100% 보
장되고 금리가 높을 때라면 금리만 보고도 투자에 들어갈 수 있겠
지만, 요즘의 투자 환경에서 보면 이것은 어림도 없는 이야기가
됐다. 물가 수준보다 높은 수익률을 제시하는 투자의 경우 100%
원금 보장이 되지 않는다고 해도 틀린 말이 아니니 말이다.

그러니 그녀에게 이 길을 가라 또는 저 길을 가라며 이야기하는
많은 금융기관들 속에서 옥석을 가리는 가장 확실한 방법은 결국
A금융기관에서 하는 이야기에 대해 B금융기관에 가서 묻고, B금
융기관에서 하는 이야기를 A금융기관에 가서 묻는 것이 아니었
을까. 그녀의 금융비서가 많으면 많을수록 그녀가 정보를 찾아볼
시간을 절약할 수 있는 것은 당연지사이기 때문이다.

과감해야
큰 열매를
거둔다

G씨, 그녀의 알뜰살뜰함

G씨는 정말 일반적인 우리 어머님들 세대의 부자이다. 그녀의 남편은 그다지 엄청나게 성공한 사람이 아닌, 평범한 직장에서 평범한 직장인으로 열심히 일한 사람이었다. 그 대가로 사장까지 해 보고 회사를 나오기는 했으나, 그렇다고 엄청난 돈을 가져왔던 것도 아니다. 그저 평균적인 삶을 위한 평균적인 봉급만큼만 집에 가져왔을 뿐이다. 그리고 G씨 또한 남편의 내조에 적극적이었다. 전적으로 남편이 사회생활에 전념할 수 있도록 두 부부의 역할 분담은 그만큼 철저했다.

그녀는 육아와 가사에 전념했다. 내조만이 집안이 잘되는 길이라 생각해서 남편도 끔찍이 여겼던 그녀는 남편이 갖다 주는 그

월급봉투가 그렇게 감사할 수가 없었다고 한다(요즘은 자기 계좌로 돈을 넣어주는 세상이지만, 예전만 해도 봉투에 돈을 넣어서 직접 건넸다). 남편이 갖다 주는 월급봉투를 어찌나 귀중히 여겼는지 나이가 60이 다 된 지금도 그녀는 그 봉투들을 간직하고 있다고 한다. 그 봉투들을 모아모아 G씨는 아이 둘을 대학까지 보내고 지금 압구정의 아파트는 전세를 놓고 방배동에 새로 지은, 브랜드 있는 68평짜리 아파트에 산다. 그 모든 것이 남편의 월급봉투에서 시작되었다고 믿는 그녀.

남편은 일찌감치 정년퇴직 이후 현재까진 별다른 소일거리 없이 시간을 보낸다. 하지만 그녀는 바쁘다. 아이들이 이미 졸업을 하고 회사를 다녀도 그녀는 할 일이 많다. 집안에서 맏며느리로 집안의 대소사를 책임져야 하고, 자녀들을 결혼시키지 않아서 아직은 집안 살림도 해야 하며, 시어머니도 모셔야 한다. 게다가 이젠 퇴직한 남편의 하루 세 끼 식사를 챙겨야 하는, 전형적인 우리네 엄마의 모습이다. 아마 그녀는 자식들이 결혼을 하고 아이를 낳으면 그 아이도 봐줄 성 싶다. 지금 그렇게 큰집에서 일을 다 도맡아 하면서도 도우미 아줌마 한 번 써 본 적이 없다. 그래도 할 건 다 한다. 골프는 취미 없어 못하지만 정기적으로 헬스클럽에 다니며 건강을 관리하고, 친구들과의 정기적인 계모임을 통해 해외여행도 석 달에 두 번 정도는 다녀온다.

그렇게 살아 온 그녀가 지금의 부를 어떻게 이루었을까? 그녀의 대답은 "특별한 방법은 없었다"였다. 여느 주부들처럼 열심히 살아 왔다면 좀 답이 될까? 지금까지 남편 월급 함부로 여기지 않고 '청렴결백 알뜰살뜰' 살아 왔다. 쥐꼬리를 가져오든 뭘 가져오든 신주 단지처럼 모시고 모셨다. 그리고 열심히 살림을 했다.

그녀는 흔히들 생각하는 '강남 아줌마'와는 정반대의 모습이다. 아니, 강남 아줌마의 모습을 완전히 깬다. 일반적으로 상상할 수 있는 모습은 하나도 가지고 있지 않다고 보면 된다. 지금도 그녀는 요즘 들어 너도나도 가지고 있는 명품 액세서리 하나 걸친 것이 없다. 나는 그녀의 가방 속에서 장바구니용 천 가방은 본 적이 있을지언정 그녀의 팔에 명품 핸드백이 들려 있는 것은 지금까지 한 번도 본 적이 없다.

그녀는 실속파이다. 그녀의 머리는 석 달은 족히 넘길 수 있도록 빠글거리는 파마를 했고, 그녀의 옷은 명품과는 거리가 멀지만 단정하고 깔끔하다. 그녀의 살림이 얼마나 정갈한지를 보여줄 정도로, 또 그녀의 성격이 얼마나 바를 정(正) 자인지를 보여줄 정도로 그녀의 옷차림은 두말 할 것 없이 딱 깔끔하니 보기 좋다. 나는 아직까지 그녀의 차를 본 적이 없지만 어떤 차일지 궁금하지도 않다. 아마 '뻔하게' 실속 있을 것이기 때문이다. 연비를 따져서 차를 샀을 것이고, 분명 오래된 차여도 "아직 상태가 좋아"하고 타고 다닐 그녀임이 분명하다. 하지만 그녀의 차라면 차의 겉이든 안이든 관리를 잘해서 아직도 새 차처럼 반짝일 것이다.

언젠가 그녀의 집에 가 본 적이 있다. 정감 있는 그녀가 명품 브랜드의 아파트를 하루 만에 계약했다며 놀러 오라고 했으니 안 가

볼 수가 있을까.

요즘 좀 이름 있는 아파트나 주상 복합이 그렇듯 들어가는 곳부터가 복잡했다. 경비실에서 방문과 관련된 신문을 조금 받아야 했고, 아래 주차장에서부터 연결된 막힌 입구에서 벨을 울려 내가 왔음을 알려야 했다.

집 청소하다가 평범한 아줌마의 홈드레스를 입고 나온 그녀. 역시 내 예상을 빗나가지 않는다. 그녀는 이방 저방을 보여주며 비싼 압구정동의 좁은 곳에 살다가 넓은 곳에 오니까 살 것 같노라고, 오래된 아파트에 살다가 새로운 아파트에 오니 이런 맛이 있다며 새가 노래하듯 즐겁게 이야기한다. 방어는 인테리어 장식 대신 기존의 있던 가구들을 재배치해 놓았을 뿐이다. 붙박이장이 많아 인테리어에는 거의 손대지 않고, 편리성을 위해서 주방 베란다에만 본인의 쉼터를 만들어 놓은 것이 전부이다. 아마 그녀는 말 그대로 손대지 않고 집에 들어오는, 몇 안 되게 깐깐하지 않은 강남 아줌마일 것이다. 새 아파트에 입주하면서 그녀가 새로 들여놓은 살림이라곤 소파와 커튼 정도인 것 같다. 그 흔하디흔한 양문 냉장고도 없고 예전의 문 하나짜리 냉장고를 그대로 가지고 왔다. 결국 "새 소파와 커튼이 좋아 보이네요"라는 내 이야기에 그녀의 말이 이어진다.

"○○○에서 샀는데, 너무 저렴하게 샀어. 디스플레이되어 있던 거라 글쎄 절반 값에 파는 거야. 별로 디스플레이 상품이었다는 표도 안 나지? 게다가 리모콘을 작동시켜서 형태를 변경할 수도 있으니 너무 편리해. 커튼은 요즘 유행이라서 저런 디자인으로 했는데, 유명 브랜드 XXX에 가면 가격이 너무 비싸. 나는 내가 아는 집에서 맞췄는데 거의 30% 수준의 가격이야. 자기도 필요하면 이야기해. 내가 소개해 줄게.”

역시 누가 G씨 아니랄까봐! 그녀의 이런 알뜰살뜰 마인드가 있기에 지금의 모습이 있지 않을까 하는 생각밖에 안 들었다. “이 집도 사실 미분양이 되어서 한번 와 봤다가 너무나 좋은 조건 때문에 계약금 30만 원 주고 계약을 걸었다”며 수다를 떠는 그녀의 모습이 예쁘장하기만 했다.

차를 마시고 나오는데 그녀는 당시 임신 중인 나에게 “갈 때 배고프면 어쩌냐”며 두유와 빵을 따로 챙겨서 가방에 넣어 주었다. 그녀는 욕 먹는 강남 아줌마가 아니다. 그녀는 너무나 정직하게 살아왔다. 지금도 그렇게 살고 있는 그녀를 보며 나도 정직한 재력이 아름다움을 믿는다.

그녀는 어떻게 알음알음으로 찾아 온 재테크 사이트로부터 칼럼 제의를 받은 적도 있다. 아줌마로서 그리고 생활인으로서 생활 속의 부자와 관련된 글을 써 달라고 말이다. 워드 프로그램 한 번 써 본 적이 없는 그녀는 원고지에 글을 쓰고 딸을 시켜 그것을 워드로 작성해서 글을 넘겼다 한다. 그녀가 그렇게 처음으로 써 봤다는 글을 나에게 쑥스럽게 보여 주어 나 또한 다시 한 번 “역시나”를 외친 적이 있다. 그녀의 생활이 묻어 있는 그녀의 글 속의 내용을 내 기억에서 끄집어 내자면 이러했다.

그녀는 화장품 한 번 펑펑 써 본 적이 없다. 백화점에서 날아오는 전단지에 샘플 쿠폰을 챙기고 안 살 수 없는 영양 크림이나 에센스를 사게 되면 샘플을 받고 좀 더 달라고도 한다. 그래서 그녀는 스킨이나 로션을 사 본 적이 없다. 그런 것은 샘플로 조달하고 꼭 써야 하는 것만 산다는 지론을 가진 그녀이니 마스카라니 색조 화장품이니 심지어는 립스틱이니 하는 것도 구입해 본 적이 없다. 그런 것도 어지간히 다 샘플로 해결할 수 있기 때문이란다.

그녀의 옷들 중 몇 가지는 예전 옷이라 한다. 처녀 때 입던 옷들도 수선해서 입고, 체격이 작기 때문에 예전에 아이들이 입은 옷들도 수선해서 자신이 입는단다. 구내 문화 센터에 다니면서 짬짬이 미싱과 바느질을 배워 놓은 덕분에 수선도 손재주로 해결한다는 그녀. 주변에서 안 입는 옷을 받아 살짝 손질해서 최근 유행하는 옷으로 만드는 것도 재미있다고 한다. 이번에 딸 시집갈 때에는 딸 내외의 야외 촬영 사진을 그간 배운 퀼트를 이용하여 이불로 만들어 줄 예정이라고 자랑한다.

물건을 사고 받아 온 쇼핑백이나 비닐봉트도 그녀는 일일이 모아둔다. 하나라도 그냥 쓰레기봉투로 나가는 법이 없다. "정리를 잘 해 놓는 것도 돈 버는 것"이라며, 그렇게 해서 백화점이나 쇼핑센터에 모아서 갖다 주는 것도 귀찮아하지 않는다. 화장실의 물도 여러 번 사용하고, 식구들이 샤워할 때의 물을 받아서 화장실 청소나 변기 청소에 활용한다. 비눗물이 있어서 청소할 때 더 좋다는 그녀. 변기의 물도 적게 내려가도록 조절해 두었다.

마지막으로 제대로 알뜰살뜰하게 살려면 "일단 사지 않아야 한다"는 것이 그녀의 지론이다. 사지 않는 것, 큰 마트든 작은 마트든 안 가는 것이 돈 아끼는 비결이라 한다. 냉장고에 되도록이면 뭐가 없도록 '비움'의 철학을 적용하다 보면 '덜 쓰게 되고 덜 쓰는 것이 곧 돈이 된다'는 것이다. 이렇게 사는데 어디 허투루 돈이 빠져 나갈 구멍이 있을 소냐. 그녀의 이런 생활 태도 하나하나를 배우며 자라는 그녀의 자녀들 또한 돈 알기를 함부로 하여 펑펑 낭비하지는 않을 것이란 생각이 들었다.

너무 뻔한 노하우라고 치부하기엔 '부자 고객'이라는 금융기관의 인증이 그녀에게 남아 있다. 역시 무시하고 넘어갈 수만은 없는 그녀의 알뜰살뜰한 생활 태도, 같은 여자이기 이전에 사람으로서 배워 봐야겠다고 느꼈다.

금융기관의 빠꿈이! ▎

그녀의 알뜰살뜰 살림법이 혹 너무나 '바른 생활'이라 김새는가. 어디서 많이 듣던 구절 같아서 전혀 새롭지도 않은가. 중요한 것은 그런 것을 아느냐 모르느냐가 아니라 그렇게 들은 대로, 배운 대로 행동할 수 있느냐의 여부인 것 같다. 얼마 전 내가 만난, 사회에서 잘 나가는 여류가 이런 말을 했다. "할 수 있을까 할 수 없을까를 생각하기 전에 할까 말까를 고민하라"고 말이다. 그러

니 G씨와 같은 생활 태도를 우리도 가질 스 있을까에 대해 의문을 갖지 말자. 물론 당연히 생활의 알뜰한 생활의 달인이 되고 싶다는, 되어 보자는 고민은 해 봐야 한다. 그녀의 이런 태도가 바로 다른 재테크에서도 성공을 거두게끔 하는 기본이 되니 말이다.

살림만 알 것 같은 그녀의 비장의 무기는 따로 있다. 그녀는 말 그대로 금융기관의 '빠꿈이'이다. 빠꿈이의 사전적인 의미는 다음과 같다.

(도둑들의 은어로) 1. 영리한 사람을 0 르는 말
2. 인색한 사람을 0 르는 말

하지만 금융기관에서 말하는 '빠꿈이'는 이것들과는 좀 다르거나 혹은 1에 가까우니, 그것은 곧 전 금융기관에서 무엇을 몇 %에 파는지를 꿰뚫고 있는 사람을 지칭한다. 빠꿈이 고객은 정말 모르는 것이 없는 사람들 같고, 또 정리를 잘 하는 사람들이다.

얼마 전 그녀가 나에게 와서 ELS를 상담하면서 종이를 한 장 보여 줬는데, 바로 그것이 그녀가 확실한 빠꿈이 고객의 전형임을 알려 줬다 하겠다. 그녀는 여기저기 신문과 인터넷에 나와 있는 모든 ELS를 청약 일자, 청약 종목, 상품 조건, 수익률, 만기 등으로 구분하여 표를 만들어 놓았다. 전문가처럼 엑셀 프로그램으로 멋있게 만든 것은 아니어도 그녀 자신이 ㄱ장 알아보기 좋게 잘 정리해 놓은 표였다. A4 이면지에 써 내려간 글씨체. "앞으론 그렇게 수고하시지 말고 그냥 저에게 다른 금융기관 것도 물어봐 주세요"라고 말하긴 했지만 그녀의 종이를 보고 정신 안 차릴 금융기관 직원이 어디 있겠는가. 가히 박사감이라 하겠다.

이상하게도 내 고객 중에는 이런 빠꿈이 고객이 많다. 다들 무서운 사람들이다. 많이 알고 접근하기 때문에 나 또한 한눈을 팔 틈이 없다. 그런 빠꿈이 고객을 상대하기 위해서 컨설팅을 맡은 나는 더 날고 기어야 하기 때문이다.

그녀는 매일 신문을 볼 뿐 아니라 전단지까지도 일일이 챙긴다. 특판 금리를 주는 금융상품은 전단지로 광고를 잘 하기 때문이다. 그리고 신문에서 변경되는 세금 정보가 있으면 PB 직원을 통해서 꼭 다시 확인하고 넘어간다. 그렇게 하는 절세 또한 그녀의 알뜰살뜰 살림의 일부니까 말이다.

게다가 그녀는 확실한 성격이다. 만기가 다양해도, 이자를 받는 날짜가 제각각이어도 하나도 잊는 법이 없다. 그녀는 자신의 수첩에 빼곡하게 들어앉은 다양한 날짜들을 꼭꼭 챙겨서 하루라도 돈이 놀게 두질 않는다. 만기든 이자든 돈이 나올 날이 되면 어련히 내가 전화를 할 것이라는 것을 알면서도 기다리다 못한 그녀는 꼭 먼저 전화를 걸어 온다. 그리고 그것을 뭔가 다른 상품에 바로 집어넣거나 금리를 한 푼이라도 더 주는 곳으로 옮겨 놓아야 그녀의 직성이 풀린다. 그녀에게 '대충' 이라는 것은 없다. 남편이 고생해서 벌어온 돈을 허투루 나가게 할 수 없다는 것이

다. 금융에서도 0.1% 수익률을 더 챙기기에 열성인 그녀를 이길
자가 과연 있을까.

공모주로 레버리지에 성공하다

증권사의 아침은 일찍 시작된다. 외국계 은행에서 첫 직장생활
을 시작한 나로선 증권사의 이른 출근이 초기엔 솔직히 힘들었다.
이제 증권사에 몸담은 지 8년이 된 지금은 너무나 전형적인 아침
형 인간이 되어 토요일이나 일요일에도 어김없이 새벽같이 눈이
떠지지만 말이다. 어쨌든 이렇게 모든 직원들이 7시 20분에 체조
를 같이 하면서 증권사의 하루 일과는 시작된다.

간단한 아침 체조가 끝나면 바로 회의 시작이다. 회의가 끝나 8
시 20분쯤 자리에 앉으면 그때부터 전화벨이 무섭게 울린다. 이
러니 우리의 출근 시간은 7시 이전이어야 한다. 그래야 전날 미국
주식시장이 어땠는지도 보고, 밤새 어떤 뉴스가 나왔는지도 확인
할 수 있기 때문이다. 그래서 우리 증권사 직원들은 다들 '일찍
일어나는 새들'이다.

그런데 우리보다도 더 부지런한 '그녀'들이 있다. 간혹 남자들
도 있긴 하지만 대부분 발 빠름과 부지런함을 요구하는 일이기에
유독 '그녀'들이 많다. 우리가 출근하기 전에 이미 출근 도장 찍
고 있는 '그녀'들. 번호표 기계를 켜 놓기도 전에 오기 때문에 '그
녀'들은 평화를 위해서 자기들만의 번호표를 만들어서 나눠 갖는

다. 그런 번호표를 나눠 주는 사람도 '그녀'들이고 나눠 받는 것도 '그녀'들 자신이다.

'그녀'들의 '액션'은 직원이 컴퓨터를 켜서 업무의 시작을 알림과 동시에 시작된다. 장바구니 같은 큰 가방 속에서(좋은 가방 갖고 오는 분이 정말이지 없다) 통장과 카드 무더기를 내놓는다. 명의도 수십 가지라 한 사람당 약 열 개에서 스무 개, 많게는 쉰 개도 되는 것 같다. 예전에 비하면 많이 줄어든 거라며, 그래도 옛날이 좋았다는 '그녀'들. 한참동안 신나게 일 처리를 끝내고 나면 정보를 주고받던 그녀들은 무리를 지어 다른 증권사로 이동한다.

그 많은 그녀들 중에 바로 우리의 G씨도 있다. G씨는 이렇게 살면서 남편이 건네주는 신주 단지 같은 월급 통장의 돈으로 강남에 아파트 2채를 마련하고 부자라는 소리도 듣게 되었다. 그녀가 할 수 있는 것이라곤 부지런히 움직이는 것밖에 없었다고 말하면서 말이다.

G씨를 부자로 만들어 준 것은 다름 아닌 '공모주'였다. 한때 공모주는 G씨처럼 부지런한 사람에게만 주어지는 귀한 선물이었다. 다른 것은 필요 없었다. 전략이나 전술, 주식 공부나 재테크니 하는 것들 없이도 돈을 15배에서 20배, 많게는 100배까지도 늘려 준 것이 공모주였다. 물론 그렇지 못한 것들도 있었지만 그래도 공모주는 주로 투자 금액을 불려 주는 역할을 톡톡히 했다.

공모주는 별것이 아니다. 회사들은 돈이 필요하다. 그럴 경우 회사가 이익을 많이 내서 그 돈을 쓸 수도 있고, 또는 그전에 돈을 빌려서 쓸 수도 있다. 돈을 빌려 쓰는 경우란 곧 "7%의 이자를 3개월마다 줄 테니 1억만 빌려 줘. 3년 뒤에 갚을게"하는 것이나 마찬가지다. 그것이 바로 회사채이다. 그런데 여기에는 비용이 많이 들어간다. 그러니 돈은 당장 필요한데 수익은 나지 않는 회사, 혹은 당장 이자를 갚을 능력은 떨어지지만 잠재력이 높아 앞으로 상당한 이익이 나서 주주들에게 배당을 할 스 있을 회사의 경우에는 다른 식으로 배팅을 한다. 그것이 바로 "우리 회사 주인이 되세요. 이익이 나면 이자 대신 배당을 드릴거 요"라는 의미로 발행하는 것이 바로 공모주이다. 즉, 회사의 주식을 발행해서 팔고, 그 주식을 산 사람은 주인이 되며, 주주 회사는 나중에 이익을 배당해 준다. 그렇게 하기 위해서는 거래소라는 주식시장에 회사를 상장시키는 것이 가장 좋은 방법이 된다. 거래소에 상장된 회사라면 엄격한 조건을 통과한 믿을 수 있는 회사이니 투자를 하더라도 손해 볼 일은 없을 것이라는 광고를 하는 것이다. 그렇게 해서 주주들을 모집하는 형식이 바로 공모주이다.

　주식시장이 소위 '잘나가던' 한때, 공모주 청약 후에 배정된 주식의 가격은 몇 배로 뛰었고, 그러면 공모주에 손댄 사람들은 굳이 배당 받을 때까지 기다리지 않고 팔아서 이익을 챙기곤 했다. 그러기 위해서는 많은 사람의 명의가 필요했다. 1인당 청약 제한이 있기 때문이다. 그래서 가급적 가족뿐만 아니라 친척들, 아는 사람 명의까지 몽땅 빌려서 최대한 배정을 많이 받고자 했다. 그때는 지금보다 공모가가 낮게 형성되어 있기도 했지만, 설사 높았다 하더라도 시장에서의 평가는 펀더멘탈과 똑같지 않다. 한마디로 보는 사람, 시장의 마음이었다. 그렇게 형성된 공모주 시장은 노다지였다.

하지만 부지런해야 했다. 절차가 어렵진 않았지만 귀찮았다. 청약을 명의대로 하려면 그전에 증거금을 맞추고, 일일이 청약 시기를 알아야 하고, 청약 경쟁률에도 신경을 써야 했다. 청약을 하고 나면 배정 안된 부분만큼 돈이 환불되고, 또 주식은 나중에 입고되어서 상장일에 처분해야 하고, 처분되면 명의대로 입금되는 날 다시 정리해야 한다. 공모주를 하려면 이처럼 여러 단계를 거쳐야 하는 데다가, 또 명의가 많으면 많을수록 신경을 많이 써야 한다.

어쨌든 그렇게 해서 G씨는 살림을 하듯 공모주를 챙겼다. 공모주를 하면서 레버리지가 어떻게 나는지를 알았고 어깨 너머로 주식시장을 공부했다. 주식도 조금은 했다. 아주 크게 이익을 본 적은 없지만 손해도 보진 않고 조금 남았다며 웃는 그녀. 그러다 보니 최근 펀드가 나와도 그녀는 쉽게 이해를 한다. 대개 60에 가까운 연령대의 분들은 새로운 투자에 대해 두려움을 느끼지만, 그녀는 주식시장을 경험했기 때문인지 좀 더 개방적이다. 레버리지를 배운 그녀는 돈에 대해서 확실한 공부를 한 셈이다.

하지만 최근의 공모주 시장은 좀 다르다. 시장은 그동안 많이 변화했고, 경쟁이 점점 더 치열해지기 때문이다. 생각보다 수익을 내기 어려운 구조라 예전처럼 공모주 시장에 무턱대고 들어갔다가는 낭패를 보기 십상이다. 그때의 그녀는 그 시대의 조류를 잘

탄 것이다. 그 당시만 해도 공모주 시장은 분명 돈 벌게 해 주는 시장임에 틀림없었고, 친구로부터 정보를 듣고 같이 참여하여 부지런히 정보를 듣고 쫓아다녔던 그녀는 그 시기를 잘 활용했다.

그녀는 돈이란 것을 살림살이에 비유했다. 살림하는 것처럼 열심히 부지런 떨면 되는 것, 그냥 뭘 모르고 따라 해도 되는 아줌마들의 용돈 벌이가 바로 공모주였다고 회고한다. 하지만 그녀가 용돈 이상을 번 것은 틀림없다. 크게 벌어오지 않는 월급쟁이 남편의 봉급을 가지고 부동산 외에도 50억 원대의 금융자산까지 이룬 것을 보면 말이다.

레버리지 효과란?

A는 돈을 3을 벌어서 2를 썼다. 그래서 정상적으로 1을 남겼다. 그런데 B는 3을 벌어서 2을 썼는데도 1.5나 2가 남았다면 그것이 바로 레버리지 효과이다. 즉, 같은 돈을 들이고도 버는 양이 다른 사람과 다른 것이다. 일반적으로 수입은 갑자기 늘어날 수가 없다. 왜냐하면 현재의 엄청난 준비가 미래라는 대가로 돌아오기 때문에, 수입이 늘어나는 그래프는 상당히 느린 우상향이 될 것이다. 하지만 어떠한 방법으로 지출과 투자를 할 것인가 하는 것은 내가 통제 가능한 부분이다. 그러므로 투자와 지출을 어떻게 할 것인가 하는 결정이 똑같이 30이라는 돈을 번 A와 B의 잔고를 1과 1.5나 2로 다르게 만드는 것이다.

좀 더 쉽게 G씨의 예를 보자. 그녀의 남편은 3을 벌어다 주었고, 그녀는 2를 썼다. 같은 동네에 사는 다른 주부 C씨도 남편 내조 잘 하고 육아와 살림 다 잘 하는 현모양처인데, G씨와 마찬가지로 2를 썼다. 하지만 G씨는 2를 쓸 때 공모주라는 뻥튀기 기계를 이용했고, C씨는 오로지 얌전히 저축만 했다. G씨는 위험을 감수하더라도 투자의 배수가 돌아오는 것에 과감히 도전했지만, C씨는 전혀 리스크를 지지 않는 저축만을 한 것이다. 이렇게 서로 다른 방식으로 2를 썼을 경우, 당연히 G씨의 2는 다음에 다시 투자할 수 있는 재원이 되어 다음번에는 더 큰 결과치를 만드는 반면, 정상적이고 얌전한 투자법을 고수한 C씨의 2는 정상적인 수학적 범위의 결과만 남기게 되는 것이다.

레버리지의 또 다른 예로는 어떤 것이 있을까? 대출로 부동산을 구입하는 것도 레버리지 효과이다. G씨와 C씨 모두 당장 쓸 수 있는 돈은 2밖에 없지만 G

씨는 대출을 2를 받아 4로 만들어 시장에서 잘 나가는 부동산을 구입하였다. 그리고 부동산 가격이 오르자 대출을 만회하면서 2를 8토 만들 수 있었다. 하지만 C씨는 대출을 받지 않고 2만으로 좀 더 저렴한 부동산을 구입하였다. 그리고 똑같이 100% 올랐다. 그럼 결국 4를 만들게 된다. 같은 2를 가지고도 누구는 8을 만들고 누구는 4를 만드는 결과를 갖는 것이다.

이렇게 같은 돈을 가지고도 어떤 과정을 거쳐서, 어떠한 결과치를 만들 것인가 하는 것은 바로 투자자의 머리와 행동에 달려 있다. 레버리지 효과를 감안하지 않는 투자는 없다. 레버리지 효과가 없다면 그것은 단지 저축이라 불러야 옳다. 저축은 리스크를 감수할 수도, 레버리지 효과를 낳을 수도 없다. 하지만 투자라는 의식으로 재테크를 하는 사람은 바로 이 레버리지를 잘 이용하는 사람이다. 즉, 레버리지는 곧 리스크이자 수익률인 것이다.

내 투자는
내가 책임진다

투자가 VS 아줌마

일단은 무겁고 뚱뚱하게 들린다

아무 옷이나 색깔이 잘 어울리고

치마에 밥풀이 묻어 있어도 어색하지 않다

그래서 젊은 여자들은 낯설어 하지만

골목에서 아이들이 '아줌마' 하고 부르면

낯익은 얼굴이 뒤돌아 본다

그런 얼굴들이 매일 매일, 시장, 식당, 미장원에서

부산히 움직이다가 어두워지면

집으로 돌아가 저녁을 짓는다

그렇다고 그 얼굴들을 함부로 다루면 안 된다
함부로 다루면 요즘에는 집을 팽 나가 버린다
나갔다 하면 언제 터질지 모르는 폭탄이 된다
유도탄처럼 자유롭게 날아다니진 못하겠지만
뭉툭한 모습으로 엄청난 파괴력을 갖는다
이웃 아저씨도 그걸 드럼통으로 여기고 드드렸다가
집이 완전히 날아가 버린 적이 있다

우리집에서도 아버지가 그렇게 두드린 적 있다
그러나 우리집에서는 한 번도 터지지 않았다
아무리 두들겨도 이 세상까지 모두 흡수해 버리는
포용력 큰 불발탄이었다, 나의 어머니는.

김영남이라는 시인의 「아줌마라는 말은」이라는 제목의 시이
다. J씨를 보면 딱 이렇게 생겼다. 그녀는 덩치 좋고 성격 좋은 한
아들의 어머니요, 보통 아줌마이다. 인상 조한 너무나 평범해서
그냥 지나치기 십상이다. 하지만 만만하게 볼 수 없다. 그녀는 투
자의 귀재이기 때문이다. 특히 그 어렵다는 주식투자로 돈을 번,
몇 퍼센트 안되는 사람이라고 보면 된다. 백화점에 장 보러 나왔
다며 장바구니 하나 들고 "아직 점심 안 먹었으면 수제비 잘하는
집 있으니 같이 먹자"며 오는 분이다. 하지만 툭하면 나오는 투자
에 대한 그녀의 이야기를 들어보면 책을 한 권 써도 될 만큼 박식

한 수준이다.

그녀의 경제 감각은 매우 뛰어나다. 남편이 사업을 하다 보니 그녀에게 들어오는 돈 또한 매월 들쭉날쭉했다. 어떤 때는 많이 들어오고, 어떤 때는 배를 곯을 정도로 적게 들어왔다. 그러나 어떻게든 남편이 주는 돈 안에서 조절해서 사는 것이 J씨의 요령이었다. 기본적으로 돈을 적게 쓰는 편이지만 아예 돈이 안 들어오는 달도 있어서 고생도 해 보고, 사업이 계절을 타는지 어떤 분기에는 돈이 왕창 들어오기도 했다. 이렇듯 남편이 사업을 하는 탓에 돈의 들어오고 나감을 컨트롤하다 보니 자연스럽게 경제 감각을 익힐 수 있었노라 말한다.

특히 남편의 사업이 잘되고 안되고에 따라 집안 경제가 좌우되고, 남편의 사업은 나라의 정책이나 경기에 따라서 움직이다 보니 자연스럽게 경제에 민감해졌다 한다. 결국 집안의 경제가 나라의 정책이나 경기와 맞물려 돌아가니 자연스레 신문도 보게 되고, 경제에 대해서도 눈을 뜨기 시작했다. 신문들은 "우리나라에도 주식시장이 열린다"고 했고, 그녀는 돈을 많이 벌자는 생각보다는 그것이 무엇인지 더 궁금해서 주식에 발을 들여놓기 시작했다.

좋을 때도 있었고 나쁠 때도 있었다. 오르면 어김없이 떨어지고, 떨어졌다 싶음 또 오르는 게 주식시장이었다. 처음에는 따기도 했고, 또 잃기도 했다. 무엇인지도 모르고 따기도 하고 잃기도 하면서 그녀는 경험을 쌓아 갔다. 그래서 그녀는 '경험을 바탕으로 한 배움만큼 무서운 것이 없다'는 투자 철학을 갖고 있다.

그녀의 투자 철학 중 하나는 '나의 투자는 내가 책임진다'는 것이다. 그녀는 남들처럼 묻지마 투자를 하는 경우가 없다. 언제나 직접 확인한다. 처음에는 멋도 모르고 작전이라는 것도 많이 해봤다. 번번이 실패하고 나서야 그녀는 얇은 귀는 닫고 눈에 보이는 것을 믿기로 했다. 그녀가 묻지마 투자에 전념했다면 일희일비하는 여타의 많은 주식투자자들처럼 본전치기는 고사하고 이미 깡통을 찼을 것이다. 하지만 그녀는 돈이라는 것은 연구하면 할수록 수익을 내는 것이 가능하다는 것을 알았고, 바른 길을 가는 사람에게 돈이라는 것도 생긴다고 생각했다. 그래서 주식이 자신의 생각과는 정반대로 대폭락을 했을 때에도 그녀는 오히려 그것을 매수의 시점으로 잡았다. 그러한 몇 번의 기회에서 그녀는 매번 고수익을 달성할 수 있었다. 그녀가 남들의 말에 조정 당하는 꼭두각시형이었다면 분명 고수익은 있을 수 없는 일이었을 것이다.

그래서 그녀는 주식 담당 직원들과 상담을 할 때에도 "알아서 해 달라"는 애매한 표현을 하지 않는다. 일반적으로 주식투자에서 손해를 많이 보는 고객들일수록 직원에게 의사 결정을 미루는 경우가 많다. 그러나 그녀는 종목과 매수/매도 타이밍 모두 직접 상담하고 토론하고, 최종 판단도 직접 내린다. 물론 책임도 그녀가 진다. 일반적으로 알아서 해 달라는 사람 치고 잘되면 컨설턴트 덕분이고, 못되면 자기 탓이라고 말하는 사람이 없다. 하지만 그녀와 통화를 하면 시원스럽다. 기면 기고 아니면 아니다. 컨설턴트의 입장에서도 이런 고객이라면 더욱 자신의 생각을 솔직히 피

력할 수 있다. 그녀는 말 그대로 '나이스'하다. 또한 그렇게 투자해서 남편의 사업보다 더 많이 벌었다니 수익 또한 '나이스'이다.

주식에서 번 돈을 부동산으로 굳히기

처음부터 이렇게 돈이 있었던 것은 아니다. 전세로 시작한 결혼생활은 힘들기만 했다. 아이까지 낳고도 남편이 아직 사업에 정착을 하지 못했을 때는 남의 집에 가서 쌀이라도 훔쳐 오고 싶었던 적이 많았다 한다. 그렇게 힘들었으나 그녀는 더욱 악착같이 살았다. 그녀가 얼마나 억척스러운가 들어 보자.

그녀는 방 2개짜리 전셋집을 구했다. 네 식구가 방 2개를 구하는 것은 어찌 보면 당연하다. 부부들 방 하나, 아이들 방 하나. 하지만 그녀는 생각을 달리했다. 방 하나에 네 식구가 살기로 결심하고 남는 방 하나는 다시 월세를 놓아서 그것을 저축한 것이다. 또한 친정과 시댁 등 주변에 일가친척들이 많았던 그녀는 '밥값이라도 아껴 보자'는 생각으로 친척과 시댁, 친정집을 전전하며 아이들 밥을 먹였다. 그렇게 해서 밥값, 반찬값 등을 아꼈다.

그렇게 모은 월세와 아낀 밥값들을 모아 그녀는 주식에 투자했다. 큰 욕심을 부리기보다는 이익금을 찾는 데 목적을 둔 그녀는 이익이 나면 원금을 제외하고 찾아서 그것을 또다시 저축했고, 그것이 모여 목돈이 되면 부동산을 샀다. 이번엔 전셋집이 아닌 정말 자기집을 샀다. 물론 다가구집이었다. 그래야 월세든 전세든 받을 수 있기 때문이다. 그렇게 해서 또 월세와 전세금을 모으고, 주식투자에서 남은 이익금을 모아 또 다시 더 큰 부동산으로 옮겨 가고 또 옮겨 가고 해서 지금의 부를 이루게 된 것이다.

전세로 얻은 방 두 개를 쪼개 다시 월세를 놓고, 아이들 점심까지도 친척집을 전전하며 먹여 아낀 밥값으로 그녀는 주식과 부동산 투자에서 성공을 거둔 셈이다. 그녀의 악착같은 성격을 보며 자란 자녀가 경제교육 만큼은 확실히 받은 것은 두말할 필요가 없다.

봉사와 기부의 삶

그녀는 너무나 바쁘다. 단지 투자 때문에 바쁜 것은 아니다. 그녀는 데이 트레이더가 아닌 장기투자자이기 때문에 굳이 매일 주식을 보러 객장에 나오지 않아도 된다. 다신 그녀는 아침마다 경제 관련 케이블 뉴스를 꼼꼼하게 보고 신문을 훑는다. 그러다가 자신의 생각과 다른 것을 접하거나 어떤 아이디어가 떠오르면 전화 통화로 그것을 토론하는 것이 전부이다.

그렇다면 나머지의 시간에 대처 무엇을 하느라 그녀는 그렇게 바쁜 것일까? 그녀의 남편은 이미 사업을 접고 여유 있게 사시는 것 같고, 하나 있는 아들은 사회생활을 하고 있으니 이제 장가만 보내면 된다. 그러니 그녀가 바쁠 이유도 딱히 없을 것 같은데, 그녀는 동에 번쩍 서에 번쩍 전국을 누빈다. 전화해서 이야기하다 보면 '그냥 지방' 혹은 '그냥 어디' 좀 가 있단다.

나중에 알게 된 사실이지만 그녀는 정기적으로 나가는 봉사 활동만 두 가지였고, 그 외의 봉사 단체 활동에도 부정기적으로 나가는 일이 많았다. 종교 생활을 하면서 '봉사를 해야겠다'고 생각하고 실천한 지 이미 15년이 되었다고 한다. 정기적으로 후원하는 장애 아동도 있다며 꼬치꼬치 묻는 내 질문에 쑥스럽게 이야기를 꺼낸 그녀는 그렇게 사는 것에서 행복을 느낀다고 한다.

주식을 하면서 수익이 나니 그녀는 세상이 다 자기 것만 같았단다. 그러나 돈을 벌면 벌수록 욕심만 더욱 생길 뿐, 더 행복해지는 것은 아니었다. 사업하느라 바쁜 남편과 이미 다 자란 아이들 덕에 가정 살림에 더 이상 시간을 뺏기지 않아도 되자 그녀는 문화 센터도 다니고 동창회나 여러 모임들도 많이 다녀 봤다. 그런 곳에 가면 다들 아이들 이야기와 남편 이야기, 돈 이야기 등 그저 그런 이야기들로 하루를 보내게 되었다. 그렇게 친구들과 모임에서 수다를 풀어도 그녀 마음속에는 시원치 않은 뭔가가 남아 있었다. 또 아침 9시부터 오후 3시까지 증권사 객장에 나가 많은 사람들과 투자 이야기를 해도 그녀의 행복이 더욱 커지는 것은 아니었다.

그러다 다른 사람의 추천으로 봉사 활동을 하게 되자, 그녀는 그 다음주가 기다려졌다. 안 가면 몸이 근질거렸고, 또 두고 온 장애아들이 생각이 났다. 특히 그녀는 아직도 엄마였고, 많은 장애 아동들은 엄마가 없었다. 가면 두 손 꼭 잡고 마냥 함께 산책하자는 애도 있었고, 노래를 하면 안 맞추던 눈빛을 맞추는 아이도 있었다. 그런 정신 지체와 신체 지체 아동들에게 헌신하고 봉사할수록 그녀는 늙는 게 아니라 더욱 건강해졌다.

대개의 자수성가 타입의 부자 고객들은 본인들이 고생을 해 봐서인지 자신에게는 아끼고 또 아껴도 타인에 대해서는 관대한 경우가 많다. 앞으로 못 보는 아동들의 수술비를 모금하는 고객도 있고, 위의 J씨처럼 정기적으로 고아원이나 단체 한두 개를 지속적으로 후원하시는 분도 있다. 아예 재단을 만들어서 체계적으로 봉사 활동을 하는 분이나, 종교 생활과 함께 봉사 활동을 같이 하시는 분도 있다. 그러나 돈이 있어야만 쉽게 기부를 할 수 있는 것은 아닌 것 같다. 돈이 있든 없든 자신의 마음을 돈이나 행동으로 표현하는 일은 누구에게나 쉽지 않은 일이지만, 누구나 해야 하는 일임에는 틀림없다.

목화다래바구미가 가르쳐 준 투자의 기쁨

최 여사(66세)는 매번 은행만 고집했다. 고집하려고 해서 고집한 것이 아니라 항상 거래하던 주거래 은행인 K은행이 있었고 별다른 불만도 없었기 때문이다. 그곳에 가면 극진한 PB 대접을 받고 간혹 좋은 선물도 받았으며, 직원들의 서비스 역시 호텔급 수준이었다.

남편의 직업이 교수였던 탓에 최 여사도 그에 못지 않은 교양을 지닌 분이었는데, 특히 금융에 대해서는 금융업에 종사하는 직원들보다도 많은 지식을 갖고 있었다. 그래도 그것을 아는 티를 내기보다는 앞으로의 증여나 상속을 대비해 매번 달라지고 어려워지는 금융 지식들을 공부하는 타입이었다.

내가 최 여사를 만났던 것은 두 해 전 무기명 채권의 만기가 돌아올 때였다. 반드시 해당 증권사에 가서 찾아야 하는 '번거로움' 때문에 그녀는 딸과 함께 은행이 아닌 증권사에 발을 들여 놓게 된 것이다. 은행 PB점포에 익숙해져 있어서인지 최 여사는 증권사의 PB센터도 그리 낯설게 여겨지지 않아 좀 더 마음이 편하다며 이야기를 풀어 놓았다. 첫 대면에서 많은 이야기를 하지는 않았지만 세무적으로 궁금한 것을 하나하나 짚어가며 "최근에는 금리가 너무 낮아서 불만"이라는 이야기까지 나누게 되었다.

특히 이번 무기명 채권을 딸 이름으로 해주고 싶다던 최 여사는 긴 기간을 통해 자녀들에게 명확히 구분하여 증여를 해 주고 있었다. 어느 자녀 하나 섭섭하지 않게 나름대로 구분을 하고 또 설명을 해 주었다. 남편이 남긴 상속금 때문에 자신의 친구 하나가 '형제들의 난'을 경험한 것을 일찍이 보고 천천히 준비를 하는 중이었던 것이다.

무기명 채권 거래가 끝난 후 한 해 동안 나는 그녀를 보지 못했다. 다음에 또 오겠다던 최 여사는 "증권사의 상품들이 너무 난해하고 처음부터 생각나는 것이 '원금 손실'이라며, 살면 얼마나 살겠나 싶어 돈을 불리는 데는 별 관심 없다"며 나타나지 않았기 때문이다.

다만 그 딸은 열심히 증권사를 방문했다. 일찌감치 돈을 증여해 준 어머니는 딸에게 직접 그 돈을 관리하도록 요구했기 때문에 그녀 역시 돈에 대한 관심이 늘어난 것이다. 일반적으로 부잣집 자녀들은 돈을 쓸 줄은 알지만 돈이 어떻게 금융을 통해서 알파가 되고 베타가 되는지에 대해서는 관심이 없다. 그러나 그녀는 재테크를 할 니즈가 있었다. 그녀는 어머니보다 오래 살아야 했고, 첫째가 이미 초등학교 5학년이지만 늦둥이를 낳았기 때문에 특히 '돈에 대한 니즈'가 충분했다. 강남 대치동에 살면서 '교육비가 재력'임을 일찍부터 깨닫고 있던 그녀는, 첫 애 때에도 그랬지만 요즘은 한 자녀만 낳는 세태라 갓 태어난 아기에게 필요한 영재 교육이다 뭐다 하면서 돈 들어갈 일이 더욱 많은 사회의 분위기를 충분히 체감하고 있었다. 그러므로 은행 정기예금의 금리가 자꾸만 떨어지는 것에 목이 탈 수밖에 없는 실정인 것이다.

결국 "간혹 좋은 금융 상품이 있으면 연락을 달라"던 최 여사의 딸은 조금은 위험성이 있기는 하지만 수익 기여도가 어느 정도 큰 증권사의 금융 상품에 관심을 보이기 시작했다. 물론 책임은 고객이 진다. 나는 상품의 좋고 나쁨을 설명할 수밖에 없는 것이고, 결국 판단은 고객이 내린다. 그리고 수익을 가져가는 자가 리스크도 책임지는 것이다. 하지만 리스크를 감수하면서도 은행보다 높은 수익률을 맛본 따님은 미국으로 이민을 가게 되었고 결국 자금은 다시 어머니에게 부탁하여 여전히 증권사와 거래하도록 요구했다.

물가는 더욱 더 치솟았고 예금 금리는 내려갔으며, 부동산에 투자하기엔 정부 정책도 신경 쓰이고 무엇보다 어머니의 연세도 만만치 않았다. 아무리 그래도 '주식'이라는 말이 들어가는 상품에는 겁이 나서 투자를 망설였던 그녀는, 어느 날 "잠시 전세금 빼 줄 돈이 나온 것이 있는데 2달만 넣어둘 만한 좋은 상품이 있느냐"고 내게 문의를 했고, CP펀드를 권한 나는 어디까지 고객이 리스크를 져야 하는지, 수익률은 얼마나 줘야 하는 것인지, 어떤 것을 염두에 두어야 하는 것인지 등등을 설명했다.

그리고 K은행 후순위채 자금이 나올 때는 공모주 랩에 가입함으로써 최 여사는 드디어 '주식투자'라는 것을 시작했다. 하지만 그냥 아무 상품이나 선택한 것은 아니었다. 그녀는 나에게 공모주에만 투자하는 상품의 운용 구조 및 원금 보장 여부, 수익 구조를 모두 듣고 판단하였다. '크게 무리 없이 한번 해 보자'하는 결정을 내리고 들어간 지 3달이 채 못 되어 그녀는 절대 수익률 15%대로 나왔다. 일찍이 최 여사가 이런 수익률을 거둔 적은 없었다. 그저 막연히 '주식은 위험할 것'이라고 생각하고 증권사에 발을 들여놓지 않다가 '귀찮게도 무기명 채권이나 찾으러 왔던 곳'에서 '딸이 이민을 가는 바람에' 15%대의 수익률을 얻게 된 것이다.

옛날 목화가 귀했던 시절에 목화다래바구미라는 곤충이 있었다고 한다. 그 곤충이 멕시코에서 미국 남부로 건너와 목화밭을 모조리 망쳐 놓았다. 허탈했던 농부들은 목화 외에 콩을 비롯한 다양한 작물을 재배해야 했고 그와 더불어 소나 돼지, 닭들을 어떻게 사육하는지도 배우기 시작했다. 그 결과 농가의 소득은 목화만 재배할 때보다 훨씬 많아졌다. 앨라배마 주의 사람들은 단일 농작물만 재배하다가 '어쩔 수 없이 날아 온 번거로운 곤충 때문에' 자신들이 알지 못했던 다양한 농작물을 재배함으로써 부유해졌다. 그들은 자신들을 괴롭혔던 곤충을 기념하여 "목화다래바구미와 그것이 가져다 준 번영을 진심으로 기념하면서"라고 쓴 기념비를 세웠다 한다.

지금의 저금리 시대가 못마땅한 사람들은 한둘이 아니다. 그러나 이런 시대에서도 돈을 버는 사람은 벌고 불리는 사람은 불린다. 이제는 더 이상 예전의 '예금' 패턴이 아닌, '투자'의 패러다임으로 변화할 시기이다. 변화를 거듭하면서 나의 주머니를 채우고 모자라면 주머니를 더 만들어야 한다.

수다는 곧 인맥,
인맥은 곧 힘이다

도전하기에 '늦은 때'란 없다 ▌

자신도 나와 비슷한 일을 한다면서 명함을 내밀던 세련된 모습의 Z씨가 아직도 기억에 생생하다. 어느 명품 브랜드 매장의 고객들과 함께하는 다도 강의에서였다. 그녀는 아줌마 세계에서 유일하게 다른 느낌이었고, 그 느낌답게 '대표'라고 새겨진 명함을 한 장 제시했다. 알고 보니 쥬얼리 사업을 하는 사장님이었다. 평범함 속의 비범함이라고나 할까. 그녀는 다정다감하고 독특한 어조로 부드럽게 자신을 소개했다. "현재 쥬얼리 사업을 하고 있는데 한 차장과 같은 일을 하고 있는 것 같다"며 그녀는 자신의 샵에 한 번 놀러올 것을 권했다.

압구정동에 위치한 그녀의 쥬얼리 샵은 그리 화려하지 않았고,

마치 비밀 단체처럼 빌딩의 2층에 있으면서 문 꼭 걸어 잠근 것이 작은 일반 사무실처럼 보이기도 했다. 물론 막상 들어가 보니 그녀가 디자인했다는 다양한 종류의 보석들이 예쁘게 진열되어 있었다. 그녀는 보석에만 조예가 있는 것이 아니라 여러 가지 예능적인 감각이 있는지, 커튼도 그렇고 인테리어도 그렇고 모든 것을 손수 신경 써서 만든 것이라고 했다. 그녀는 풀잎을 찻잔으로 삼은 예쁜 다과상과 함께, 자신이 봉사하고 있는 성당에서 담근 꿀이라며 떡도 내왔다. 정성스러운 그녀의 성격을 알게 하는 다과상이었다. 그렇게 한두 번 가게 되고, 그녀의 주위 사람들을 알게 되면서 오늘의 그녀가 어떻게 있게 되었는지 과거사도 듣게 되었다.

Z씨는 그냥 평범한 '엄마'였다. 더 나아가서는 아이의 육아와 교육에 전념하는 '학부모'였다. 물론 그녀에게도 예능 소질이 충분했던 어린 시절이 있었으나, 너무나 보수적인 아버지 때문에 어문학 계열로 진학, 졸업했다. 졸업하기도 전에 부모님이 제시한 혼처가 있어 시집을 갔고, 시집을 가서는 바로 아이를 가졌다. 하지만 남편은 너무나 바쁜 사람이었다. 그녀의 남편은 지방 파견 근무가 많았고, 그럴 때마다 그녀는 남편을 쫓아다닐 수밖에 없었다. 새로운 지역에 가서 사람을 사귀기는 쉽지 않았고, 바로 생긴 아이들 때문에 기동력도 없었다. 그저 아이들을 예쁘게 키우고 남편을 내조하느라 정신없던 세월이었다. 그렇게 세월이 가고 서울에 올라와 다시 아이들의 중·고등학교 생활이 시작되었다. 그녀

는 이제 아이들을 뒷바라지하느라 바빴고, 여느 학부모들처럼 열심히 아이들 교육에 집중했다.

그러다가 아이들이 커 가면서 예전에 버렸던 예능에 대한 꿈들이 생각이 났고, 큰애가 고3의 시절을 보낼 때 그녀 또한 옆 책상에서 보석 감정을 공부했다. 결국 보석 감정사 자격증에 도전하여 성공하고 한동안 더 공부하고 디자인을 하면서, 그녀는 직접 '사업'에 나섰던 것이다. 남편은 "뭐 하러 지금에 와서 그런 일을 하냐"고 했고, 주변에서도 "뭐가 아쉽냐"면서 굳이 어려운 길을 갈 것 없이 다른 엄마들처럼 문화센터도 다니고 쇼핑도 하고 운동도 하면서 그냥 놀라고 했다.

하지만 아이들은 "엄마를 믿는다"며 지원을 아끼지 않았고, 결국 설득 당한 남편의 후원금과 그녀의 비자금으로 압구정에 작은 샵을 열었다. 그녀는 그렇게 자기 사업인지 아니면 아줌마들에게 수다 공간을 내놓은 건지 착각이 들 만한 공간을 오픈했다. 그리고 그녀는 아줌마들을 불러들여 차를 제공했고, 자신에게 있는지도 몰랐던 그녀의 사업 수완이 발휘되었다. 결과적으로 그녀는 성공했다. 작은 자기만의 예쁜 보석 가게를 열고도 그녀는 자신이 이럴 수 있다는 것이 신기했다고 한다. 하지만 사업한 지 7년쯤 지난 지금, 그녀는 그것이 운명이었다고 말한다.

그녀의 작은 샵은 '금남의 방' 혹은 '엄마들의 수다실', 또는 '아줌마들의 비밀 모임' 같다. 그처럼 아기자기하고 비밀스럽고 조용하다. 그 샵은 재미있는 아줌마들의 유머로 웃기도 하고 솔직한 가슴앓이를 터놓으며 울 수도 있는, 여자들의 작은 공간이다. 여자들이 즐길 수 있는 다과가 항상 준비되어 있고, 분위기를 낼 수 있는 음악도 있다. 가을이 되면 그녀는 낙엽들을 주워 와서 샵 한쪽 구석에 깔아 놓는다. 소파에 간혹 놓여 있는 아기자기한 소품들이 그때그때의 계절을 알게 해 줌과 동시에 세월이 가는 걸 느끼게 한다. 그리고 향수에 젖게 한다. 그녀는 그런 샵을 나이 쉰 살에 열었다.

삶 속에서의 인적 네트워크

아이들이 학교를 다닐 때 Z씨는 어머니회에서 궂은일을 도맡아 했다. 그녀의 외향적인 성격과 봉사하는 스타일 덕분에 아이들이 어릴 때는 어머니회에서 연락책이나 총무직을 많이 맡고, 아이들이 커 가면서는 회장도 맡았다. 성당에서도 막내둥이로 오랫동안 사람들과 좋은 모임들을 많이 가졌고 봉사도 꾸준히 했다. 끊임없이 뭔가를 배우고자 하는 그녀는 보석 공부를 하기 전에 꽃꽂이나 도자기 공예 등을 배우면서 취미 생활도 했고, 노래를 좋아해서 합창단에도 가입해서 활동했다.

그녀는 활달한 성격이었고 소녀같이 밝았다. 남을 잘 배려하는 성격 탓에 그녀를 좋아하는 무리들도 많았다. 최근의 그녀는 앤틱 가구와 관련된 공부를 하고 있다. 그녀는 그렇게 배우기를 좋아하고 어울리기를 좋아했다. 그러나 그런 모임 속에서 반드시 뭔가를

기대하거나 실리적인 것을 이루고자 했던 것은 아니다. 좋은 사람들과의 좋은 만남 그 속에서 그녀는 또 새로운 것을 공부하고 그것에 도전했다. 그런 그녀이기에 보석 감정사 자격증도 땄고 사업에 도전하는 것도 가능하지 않았는가 싶다. 그녀의 성공 포인트는 바로 여기서 시작된다. 즉, 새로운 것을 배우고 도전하는 것을 게을리 하지 않았다는 점, 엄마라는, 학부모라는 위치에만 만족하지 않았다는 점, 자신을 위해서 배움을 지속했다는 점 등이 성공의 출발점이 된 것이다.

그런 가운데 성공의 기폭제가 된 것은 바로 그녀의 삶 속의 '네트워크'이다. 앞서 이야기한 그 학부모들이 드디어 자녀들을 결혼시키기 시작한다. 아이 친구의 엄마들이 인생의 피크를 같이 보낸 그녀에게 혼수품을 부탁하는 것은 너무나 당연한 결과였다. 그녀를 오랫동안 봐 왔던 성당 사람들이 그녀의 고객 아닌 고객이 되는 것 역시 마찬가지다. 꽃꽂이 모임, 도자기 공예 모임, 그리고 합창단까지 모두 그녀를 아주 오랫동안 어떤 사람인지를 보아 왔고 살펴 왔다. 물론 그녀의 사람됨이 좋지 않았다면 사업은 대번에 망했으리라. 하지만 그녀의 사업 성공은 바로 그녀의 인간관계가 성공적이었다는 것을 보여준 것이었다. 그것은 곧 그녀가 그동안 살아왔던 인생이 헛되지 않았다는 결과이기도 했다.

그녀는 배움을 게을리 하지 않았고, 계산을 내세우지 않고 사람들과의 관계를 잘 이끌어 왔다. 그렇게 '잘 지내온 것'만으로 그녀는 성공할 수가 있었다. 그녀를 오래 본 사람들은 '함'이나 '보석'이라는 것을 다루는 그녀가 믿음직했고, 말 그대로 믿었다. 그리고 그녀가 자신들의 자녀들이 결혼할 때 정성스럽게 함을 준비해 주는 것이 고마웠다. 자신의 자녀들을 그녀의 자식처럼 여기고 함을 준비해 줄 것을 믿었기 때문이다. 그녀는 그 바람을 저버리지 않았고, 그녀와 거래를 한 사람은 다시 100% 그녀의 팬이 되었다. 그러니 그녀에게 자신의 아는 사람을 소개해 주는 것은 너무나 당연했다.

그녀의 샵 이야기는 소리 소문 없이 그 세계에서 전해지고 퍼져 나갔다. 그녀를 몰랐던 다른 엄마들도 아는 사람들의 손에 이끌려 '금남의 방'에 들어가면 이상한 나라의 앨리스가 된 것만 같았다. 그녀의 매력에 푹 빠져 있는 이야기 없는 이야기를 다 하고 나면 속이 후련하다 하고, 그래서 더욱 그녀와 친해졌다.

'그녀의 방'은 솔직히 금남의 방이다. 그녀의 모임에 남자가 참석할 만한 일은 거의 없기 때문이다. 하고 있는 일 자체가 보석을 다루는 일인 이유도 있지만, 그녀가 네트워크를 이루는 모임의 멤버 또한 거의 여자들이다. 성당 모임도 여자들의 모임이고, 꽃꽂이 모임과 합창단, 또 도자기 공예 모임의 멤버도 거의 여자들이다. 물론 간혹 남자 고객들이 있기는 하지만 낮 시간에 그녀의 방에서 수다를 떠는 남자는 사실 없다고 봐야 하지 않겠는가. 어쨌거나 그녀의 가장 큰 고객들은 그녀의 '여자 동지'들인 셈이다.

최근의 그녀는 또 다른 사람들의 소개로 각종 협회와 대학원에 다니고 있다. 그 외에도 그녀는 자신의 일과는 상관없는 일에도 곧잘 발 벗고 나선다. 도와야겠다는 생각이 들면 그녀는 돈을 생각지 않고 돕는다. 그녀는 그것이 사업 외적으로 자신이 사는 또 다른 방법이고, 그래야 자기 속도 편하다 한다. 나처럼 젊은데 열심히 일하는 여성을 봐도 돕고 싶다고 한다. 자신 역시 일을 시작하고 나서야 여자가 일하는 것이 얼마나 힘든 일인가를 알았다며 그녀는 같은 편이라 한다. 이렇게 그녀의 공간에만 가면 다들 그녀의 성공 파트너가 된다.

그녀가 사는 방법

Z씨에게서 경제적 이야기를 들은 것은 한참 후의 일이다. 매번 그녀의 사업적 성공을 보면서 '저렇게 감수성이 풍부한 사람이 경제는 어떻게 관리할까' 하는 궁금증이 항상 있었다. 보석과 관련된 일을 하는 탓인지 그녀는 언제나 풍요롭게만 보였고, 그래서 그녀의 친정이나 아니면 남편에게 재력이 있지 않을까 하고 생각해 왔다.

언제나 그녀는 비싸 보였다. 첫눈에도 그랬고, 보면 볼수록 그녀는 정말 멋스러웠다. 그 멋은 한두 개 들고 다니는 명품에서 나오는 것이 아닌, 그녀의 속 깊은 말투와 배려에서 나오는 것임에 분명했다. 또 그녀의 행동이 그랬다. 그녀의 매너와 행동 하나하나는 따로 그런 매너를 배운 재벌가의 맏며느리처럼만 보였다. 그리고 그녀의 머리부터 발끝까지의 전체적인 차림새 등은 그것들이 더욱 더 멋있어 보이게 뒷받침해 주는 것이었다. 그녀의 샵에서 직접 디자인한 보석들도 그녀의 성품이 담겨 있는 듯 조화롭고 속 깊어 보였다.

나중에 알게 된 것이지만 그녀 옷차림새에서 풍겨 나오는 멋은 비싼 값을 주고 산 옷들보다는 하나같이 그녀가 가진 세련미 덕분이었고, 그녀의 성품과의 조화에서 나오는 것이었다. 그녀의 옷차림도 부드러운 말투와 느낌을 같이했다. 이렇게 그녀를 한두 번 찾아가면서 자산 관리업을 하고 있는 내게 있어서는 그녀의 실속이 더욱 눈에 들어오기 시작했다. 그녀의 육아 및 가정 이야기, "같은 편이야"하며 선배로서 들려 주는 사업 이야기를 듣고 나서야 그녀를 제대로 알 수 있었다.

그녀는 아이들 학교에 보내고 남는 시간에 자신도 무언가를 같이 배워야겠다고 느꼈단다. 그래서 미싱과 도자기 공예, 꽃꽂이는 물론 아이들 공부하는 시간에 보석 감정사 공부도 했다고 한다. 그렇게 그녀가 공부로 밤을 지새우니 아이들도 밤을 새워 공부하라는 말을 하지 않아도 새울 수밖에 없었으리라. 그녀의 행동 하나하나가 그녀의 자녀들에게 얼마나 많은 동기를 부여했을지를 짐작하는 것은 어렵지 않았다.

그렇게 공부한 솜씨로 그녀는 직접 손바느질을 해서 샵의 커튼도 만들고, 자신의 옷도 고쳐 입었다. 예전의 옷도 최근에 유행하는 스타일로 고쳐 입고, 자녀들도 그녀의 실력을 인정하여 엄마가 만들어 준 옷을 멋스럽게 입고 다닌다. 그녀의 샵에 있는 도자기 공예품 의자며, 꽃꽂이며 모두 그녀가 직접 염색도 하고 장식한다. 폭넓은 음악 공부로 좋은 음악도 틀어 놓고, 음식도 배워서 다과도 직접 만들어 내놓는다. 스카프 하나도 그냥 사는 법이 없다. 직접 스카프를 염색하여 자신만의 색깔을 만들어 내고, 그 위에는 자신이 만든 브로치를 곁들여 놓는다 손님에게 주문한 보석 박스를 내놓을 때에도 시중에서 파는 박스가 아니라 자신만의 포장에 담아 내놓으니 특별한 서비스를 받는 기분이다. 이런 그녀를 알게 되면서 보이는 모습으로만 그녀를 판단하지 말자는 생각이 들었다.

네트워크 속에서 진주를 찾아내기까지

그녀의 그런 정성스런 그리고 특별한 개인적 서비스를 보면서 그것이 풍요로운 부에서 나오는 것만은 아님을 알게 되었다. 그러자 그녀가 지금까지 부를 이루게 된 경로를 알고 싶었다. 물론 사업으로 자신만의 세계를 갖고 있는 그녀이지만 그전까지 어떻게 그녀가 성장하고 발전하게 되었을까가 궁금하지 않을 수 없었다.

앞서 이야기했듯 그녀는 보수적인 집안 대문에 원하는 예술적 재능을 채우지도 못하고 착하게 졸업하자마자 결혼해서 애를 낳았다. 그리고 남편을 따라 지방을 여기저기 전전했다. 여기까지만 보면 육아와 살림에 대해서만 알 것 같은 그녀인데, 그녀는 그동안 어떻게 이렇게 발전해 온 것일까.

그녀는 남편이 여기저기 지방을 바삐 다니는 동안 너무나 외로
웠다. 남편은 건설 일을 했던지라 일감이 생기면 밤낮이 없었고,
그래서 그녀는 결혼하자마자 신혼도 없이 낳은 연년생 아이 둘과
일상을 같이했다. 아이 돌보는 일 외에는 너무나 무료했던 그녀는
처음에는 우울증까지 걸릴 뻔했다 한다. 하지만 그녀는 다행히 종
교가 있었고, 성격도 외향적이고 긍정적이었다. 열심히 지역 성당
모임에 나가서 인사도 하고 친구도 사귀고 선후배도 사귀면서 그
녀는 자기가 사는 지역에 대한 정보를 얻었다. 아이들을 어느 유
치원에 보내야 하는지, 어디를 가면 좀 더 저렴하게 장을 볼 수 있
는지 등등 말이다. 사람만 사귀면 동네 정보를 얻을 수 있었고, 같
은 성당의 언니들로부터 살림과 육아에서도 도움을 많이 받았다.
그러면서 무료함은 언제 그랬냐는 듯 없어졌지만, 좀 정착할 만하
면 남편은 또 전근을 가야만 했다. 남편을 따라 새로운 곳에 간 그
녀는 처음 했던 것처럼 또 지역 성당을 다녔고, 또 다시 새로운 사
람들을 사귀었다. 그리고 남편이 다시 전근을 가면 또 다시 새로
운 사람들을 사귀고 새로운 정보를 접했다.

이러한 남편의 잦은 전근은 Z씨로 하여금 새로운 사람들과의
만남에서 두려움을 느끼지 않도록 하는 예상 외의 역할을 했다.
새로운 곳에서 금세 새로운 사람들로부터 새로운 정보를 듣고 도
움을 받으며 그녀는 부동산을 보는 눈도 트였다. 즉, 하도 이사를
많이 다니다 보니 바쁜 남편을 대신해서 그녀가 자연스럽게 부동
산 전세나 매매를 접하게 된 것이다. 그러면서 그녀는 부동산을

공부하게 되었다.

처음에는 목돈조차 없었다. 시집 오기 전에 직장 한 번 다녀 본 적이 없는 그녀이기에 더욱 더 돈이 궁할 수밖에 없었다. 시댁의 도움 또한 남편의 대학까지의 학비와 전세금 마련 정도까지가 전부였다. 그렇다고 친정에 손 내밀기는 자존심이 허락하지 않았다.

그러나 몇 번의 전세를 전전하자 그녀는 집을 가지고 싶은 욕구가 생겼다. 처음에는 아무 생각이 없었지만 하도 이사를 다니다 보니 전세보다는 집을 가진 사람이 그렇게 쿠러울 수밖에 없었다. 그녀도 주인집처럼 '가진 자'가 되고 싶었다. 전세 계약일과 상관없이 전근 스케줄이 내려오는 남편 때문에 매번 집주인과의 마찰이 생길 수밖에 없었고, 집 없는 그녀는 남편 먼저 새 근무지로 보낸 후 남은 뒤치다꺼리를 하는 설움도 겪어야 했다. 그러면서 그녀는 집주인이 되어야겠다고 다짐했다. 집을 가져야겠다는 일념 하에 남편의 월급을 모아 목돈을 보태고 대출을 받아 겨우 내 집을 마련했다. 나름 요령도 생겼다. 처음에 작은 집을 마련한 그녀는 남편의 전근이 있을 때마다 조금씩 큰집으로 옮겨 갔다. 그녀는 그러면서 더욱 재미를 느꼈다. 새로운 곳에 가도 두려워하지 않았다. 어떻게 하면 모르는 사람들로부터 정보를 얻을 수 있는지, 어떤 방법으로 친목을 도모할 수 있는지, 새로운 모임에서 자신은 어떤 역할을 담당해야 하는지를 알았기 때문이다.

그렇게 그녀가 알아 놓은 전국 방방곡곡의 사람들은 모두 그녀의 정보원이 되었다. 남편이 또 전근을 가그 이사를 가야 할 때,

집을 남겨 놓고 가더라도 남아 있는 사람들이 도와주어 집을 돌보다가 좋은 가격에 팔아 준 적도 있다. 그렇게 그녀는 남편의 전근 횟수와 비례하여 부동산을 톡톡히 공부하고 있었다. 아이들이 어느 정도 크고 남편도 본사로 들어가게 되어 서울에 왔을 때, 그녀는 또 정보원을 동원했다. 이번에는 그녀의 외향적인 성격 덕분에 친해진 많은 그녀의 친구들과 결혼 전부터 참여했던 종교 모임이 또 한몫을 했다.

그녀는 상가 투자도 해 보았고, 다가구 임대도 해 보았다. 이렇게 점점 더 재테크 규모는 커져 갔다. 국가의 정책에도 귀를 기울이고, 세미나에도 참석했다. 서울에 올라와서는 지도 보기를 좋아하는 남편과 틈틈이 차로 드라이브를 하면서 그동안 못 다녔던 여행을 다니며 토지 보는 눈을 키웠다. 건설 전문가인 남편의 머리와 그녀의 눈썰미는 좋은 합작품을 낳았다. 토지는 기가 막히게도 계약하는 것들마다 마이더스의 손이 닿는 양 값이 올랐다. 그녀는 그 시절을 이렇게 말한다.

"한 차장, 이렇게 아이들이 커 가면서 내가 지냈던 시기가 우리 집안이 일어난 때와 같아. 그렇게 해서 늘어난 돈, 그리고 적절한 취미, 종교 생활로 인한 네트워크가 지금의 성공 기반인 거야. 내가 육아와 살림을 할 때도, 사업을 시작할 때도, 샵을 구할 때도 많은 사람들이 발 벗고 나서 주었어. 아마 구청 사람들부터 이 지역의 유지까지 모두 다 우리 샵을 한 번씩은 다녀갔을 거야. 그것, 사람이 바로 성공의 원천이라 생각해.

특히 여자들은 남자들보다도 네트워크가 중요한 거 같아. 여자들은 서로 어울리는 것을 좋아할 뿐만 아니라, 남편한테도 못하는 말을 할 수 있을 정도로 가까운 여자 친구도 생기잖아. 그리고 여자 선배들은 정말 좋은 멘토가 되어 주더라고. 나도 진정한 인생의 고언들은 형님들한테서 들은 것 같아. 가장 필요할 때 곁에 있어 주고, 힘들 때 확실한 동지가 되어 주거든. 그러니 한 차장도 잘 알겠지만, 하는 일이 일인 만큼 사람이 제일 중한 거야. 그리고 계산은 빼요. 자기가 베푼 만큼 언젠가는 돌아오는 법이거든. 그리고 공부하고 도전하는 것도 잊지 말고. 알았지?"

Z씨의 단단한 네트워크가 부동산과 사업에서만 성공을 거두게 해 준 것은 아니다. 주식에서도 마찬가지였다. 그녀가 아는 사람들 중에는 회사의 중요 임원이거나 CEO의 부인들이 많았다. 상장회사의 부인이 다이아 반지를 만지작거리거나 회사의 주요 주주가 벌이가 좋다면서 배우자를 위해 선물을 고르면, 그녀는 그 회사의 주식을 샀다. 또한 정보도 많았다. 그러다 보니 네트워크에서 나온 정보로 투자를 연결시키면 거의 틀림없이 성공이었다. 그렇게 주식에 투자하다 보니 주식시장에 대해서도 나름대로 판단할 수 있는 가치관을 갖게 되었다. 주식시장이 한참을 조정 받고 무너져 있을 때, 그녀는 시장이 많이 오르면 두 배의 이익을 거둘 수 있고 떨어지면 떨어진 만큼만 손해 보는 ELS를 만들어 달라고까지 주문했다. 물론 그 안목은 적중해서 그녀는 연 70%에 가까운 성공을 맛보았다. 그녀는 네트워크 속에서 진주 같은 정보를

찾아내는 데 귀재인 것이다.

그녀의 성공 이야기를 들으면서 나는 성공을 위해서 너무 남자들의 세계에만 묻혀 살아 온 게 아닐까 하는 생각을 했다. 맞벌이 직장인이라 항상 '육아'와 '일'이라는 두 가지 축의 균형을 이루기 위해서 매일 외줄 타기를 하는 것 같기 때문이다. 하지만 그녀는 젊은 시절 육아와 살림에 전념해서 남편도 내조하고, 집안도 일으키고, 지금 나이 50이 넘어 시작한 그녀의 사업도 그리고 그녀의 삶도 성공으로 이끌고 있다. 그래서 그런지 그녀는 너무나 예쁘게 늙고 있다. 보톡스를 맞지 않아도, 화려한 명품으로 온몸을 치장하지 않아도 그녀에게서 자연스럽게 풍겨 나오는 멋스러움 덕분에 한 번쯤 그녀의 삶을 또 다시 생각하게 된다.

보상과 멘토,
성공을 위한
마침표

열심히 일한 당신, 떠나라!

"열심히 일한 당신, 떠나라"라는 모 카드 광고의 카피가 생각나게 하는 사람이 한 명 있다. 나도 열심히 산다고 자부하는데 그녀도 만만치 않다. 말 그대로 착하게 열심히 산다.

C씨는 일찍 일을 시작했다. 본인이 일을 벌이는 성격은 아닌 탓에 다른 사람과 동업하긴 했어도 대학 때부터 일에 전념했다. 산업디자인을 전공하고 그 전공을 살려 아르바이트를 하던 것이 지금까지 하는 일이 되어 버렸다.

처음에는 그냥 아르바이트였다. 단순히 용돈을 벌기 위해서 시작했던 일이었는데, 하면서 큰 거래처도 생기고 아웃소싱처럼 대기업의 일도 맡게 되자 점점 욕심이 생겼다. 같이 사업 하는 사람들이 코스닥 등록을 하자고 했고, 정말 어엿한 대표가 되었다. 하지만 말이 사장이지, 그냥 막노동이나 다름없었다. 회사를 등록하고 나니, 그때부턴 빚진 것처럼 더욱 열심히 일하고, 개발하고, 영업하는 수밖에 없었다.

그러던 그녀는 얼마 전 회사를 팔고 또 새로운 일에 전념하고 있다. 그녀가 회사를 팔면서 남긴 이익은 그녀가 일을 시작한 대학 때부터 지금까지의 10년 세월의 값어치와 같다. '10년 만'이라 해야 하나 '한방에'라고 이야기해야 하나. 그녀는 회사를 팔아 그녀의 몫으로 30억을 거머쥘 수 있었다.

C씨의 재산에는 부동산도 포함되어 있다. 짬짬이 벌어들인 그녀의 수입으로 그녀는 아버지께 그간 괜찮은 부동산을 사 주십사 부탁했다. 좋은 시기에 사서 그런지 부동산은 현재 상당히 올랐다. 그러나 특별히 되팔 이유도 없어서 지금껏 소유하고 있다는 그녀는 "그때는 내가 내 월급을 쓸 시간도 없을 만큼 너무 바빴다"고 했다. 돈 안 쓰고 아버지께 드린 것이 돈 번 비법이라나.

그녀는 솔직히 자기가 하는 지금의 일밖에는 아무것도 모른다. 하루아침에 30억이 생기긴 했는데, 그것을 어디에 쓰고 싶다거나 어디에 꼭 써야겠다는 생각은 들지 않는다고 했다. 그냥 열심히 일했더니 생긴 돈이라, 어떻게 보면 자신이 운이 참 좋았다고도 생각한단다. 용돈이나 벌어볼까 하고 시작했던 일이 이렇게 커질 줄은 그녀도 몰랐다. 그리고 그 일이 자신의 10년과 바꿀 정도가 될 줄은 더더욱 몰랐다.

C씨에게는 그간 힘든 순간도 많았다. 같이 동업하는 사람들끼리 다툼이 생겨서 그중 한둘이 나갔던 때가 그녀에게 가장 안 좋은 기억으로 남아 있다. 사업하다 상대 거라처가 부도가 나서 돈이 부족했을 때, 작은 회사라는 이유로 어느 곳에서든 대출이 안 이루어져 자기 집에까지 근저당 설정이 잡혔을 때에는 부모님한테 너무나 죄송했다 한다. 그러나 그녀는 그때마다 어떻게든 견뎌왔다. 회사 내부적으로 말도 많았고 자신도 많은 갈등을 겪었지만, 이제 그와 같은 일은 두 번 다시 생기지 않을 거라며 이제는 자신이 좀 생겼다 한다. 참 겸손하다.

얼굴도 몸매도 예쁜 그녀를 보면 누가 데리고 갈 만도 하건만, 30대 후반의 C씨는 아직도 결혼을 안 했다. 그간 만나 보거나 소개 받은 사람도 참 많았지만, 일을 하다 보니 남자에게 별로 흥미가 생기지 않았다 한다. 쫓아오는 남자는 많아도 마음 주기가 쉽지 않다는 그녀. 마음에 드는 사람을 소개 받으면, 꼭 때마침 일복이 터져 사람 만날 시간이 도통 생기지 않았단다. 그렇게 지금의 홀로 생활에 익숙해져 솔직히 이젠 혼자 사는 것도 좋을 것이라 생각한다. 현재는 자신의 많지도 적지도 않은 돈을 우선으로 보는 남자들도 적잖이 있다는 그녀는 "앞으로는 더욱 더 남자 보기를 돌같이 하지 않겠느냐"며 웃는다.

금융기관에서 여기는 '제대로 된 PB고객'은 '부동산을 제외한 금융자산이 약 30억은 되는 사람들'이다. 그 정도는 되어야 금융기관에서 나름 포트폴리오도 하고 종합과세를 고민할 사람처럼 본다. 30대 후반인 그녀는 제대로 조건을 갖춘 PB고객이다. 더욱더 좋은 조건은 그녀는 젊다는 것이다. 앞으로 돈이 커질 기간도 길다는 것이 그녀의 장점인 것이다.

내 자신을 알자

그녀를 알게 된 것은 누군가의 소개를 통해서였다. 그녀를 소개한 사람은 "정말 재테크를 모르는 사람이 있는데 잘 좀 부탁한다"고 하며 "잘 모르니까 나한테 권유한 것과 똑같은 것을 그녀에게 해 주면 된다"고도 말했다. 하지만 어찌 그럴 수 있겠는가. 그녀에게 이것저것 물었으나 그녀를 소개해 준 사람하고는 너무나 투자성격이 천지 차이였다. 소개자는 그나마 경제에 대해서는 꽤 많은 정보를 얻을 수 있는 루트를 갖고 있었으나, 그녀는 아예 금융기관과 거래해 본 경험이 전무하여 더욱 더 어찌 해야 할지 모르고 있었다. 그렇다고 그녀에게 소개해 준 사람과 무턱대고 똑같이 해 줄 수는 없는 일이었다.

그녀는 "아무것도 몰라요"라는 말로 시작을 했다. 하지만 아예 모르는 것은 아니었다. 적어도 그녀 자신에 대해서는 잘 알고 있었으니 말이다. 다행히 부동산에 대해서는 관심이 많았던 그녀인지라 부동산 이야기라면 이해가 조금 빨랐고, 그래서 그녀가 가진 부동산과 관련된 이야기부터 했다. 그녀는 금융자산 투자도 부동산처럼 하길 바랐다. 즉, 원금의 손해 가능성은 인정하면서도 안정에 무게 중심을 두고 있었던 것이다. 적어도 지금까지 10년 동안 번 것만큼은 평생 지키고 싶다는 것이 그녀의 뜻이었다. 한마디로 그녀의 성향은 중도적이기보다는 안정적인 것이었다.

  C씨의 이야기 중 흥미로웠던 것은 그녀 자신에 관한 것이었다. 그녀는 일에 집중하고 있었고, 그것이 자기가 사는 법이라고 했다. 그녀는 아침에 일찍 나와서 오후 늦게까지 일했다. 지금까지 일밖에 몰랐지만 아직도 그녀는 삶의 즐거움을 일에서 찾는 듯했다. 물론 힘들 때도 있지만 그녀가 도전하게끔 해 준 것이 일이었고, 지금까지뿐 아니라 앞으로의 자신의 모습도 늘 일과 함께하는 모습이었다.

  그녀는 일찍부터 일을 선택해서 그런지 선택과 집중이 중요하다 했다. 어느 것을 선택할지를 판단하고 나서 집중하는 것이 그녀의 스타일이었기에 그녀는 "솔직히 남자와 돈에 집중할 시간이 없다"고 했다. 남자도 그렇고 돈도 그렇고 그녀는 일을 하다 보면 다 주어지려니 하고 생각했고, 이제 적어도 둘 중의 하나는 확실히 주어진 셈이다. 그래서 그녀는 "일에 방해될 만큼 판단을 내려야 하는 어려운 투자는 못 한다!"고 못 박아 말했다. 그녀는 자신의 성격과 지식에 맞는 투자 방법을 골라 달라고 했다. 그녀는 금융 때문에 일에 영향을 받고 싶지 않아 했고, 투자에 신경을 많이 쓰는 시간에 자신의 일을 하고자 했다. 그러므로 투자는 가급적 안정적인 방법으로, 자신이 젊다는 것을 감안해서 적절한 수익이 나오게 해 줄 것을 요구했다. "일을 열심히 하면 돈은 따라온다"
는 것이 가치관이었던 만큼 그녀에게 있어서의 우선순위는 두말
할 것 없이 '일'이었다. 그런 그녀는 적어도 자신을 잘 알고 있고,
우선순위까지 명확하게 밝힘으로써 컨설턴트인 내가 집중할 수
있게 해 준 고객이라 할 수 있다.

끊임없는 배움과 네트워크는 기본

삼성경제연구소에서 나온 「여성 리더 계층의 부상과 전망」이라
는 자료에서는 여성이 사회 진출 확대를 위해 뛰어넘어야 할 3가
지 장애물이 존재한다고 밝혔다.

첫 번째는 교육 장애물이다. 여자들은 사회에 리더로서 진입하
기 위해 필요한 충분한 교육을 받지 못하는 경우가 많다고 한다.
일반적으로 우리 앞 세대의 사람들 역시 남자들에게는 최고 수준
까지 교육을 마치게 하나, "여자들은 고등학교만 나와도 된다"는
인식을 가지고 있었다. 한국의 유명 여성 CEO들 또한 보수적인
가정교육으로 인해 부모가 원하는 과거 시대의 여성상으로 교육
받은 경우가 많다는 것도 그러한 인식과 맥을 같이한다.

두 번째는 계속 근무 장애물이다. 고등교육까지 받은 여성이라
하더라도 결국 일과 생활(육아, 가사 등)을 병행하지 못해서 경제활
동을 포기하는 것이 이에 해당한다. 내 주위에서도 직장과 가사라
는 문제로 고민하는 맞벌이 여성들이 적지 않고, 결국은 육아 문

제로 부부 중 와이프가 직장을 그만두는 경우를 적잖이 봤다.

내가 외국계 은행에 다닐 때 너무나 능력 있는 여자 선배가 있었다. 그녀를 보면서 직장생활을 하던 어느 날, 그녀는 어느 날 갑자기 더 좋고 높은 곳으로 갈 수 있는 기회를 버리고 사표를 냈다. 사유인즉 아들 녀석이 초등학교 4학년인데 성적이 안 좋다는 것이었고, 남편과 이야기를 나누면서 '집안에 엄마가 없어서'가 그 이유라는 결론을 내렸다 한다. 오 마이 갓! (나 또한 워킹맘 아닌가!) 결국 그녀는 자식을 제대로 키우지 못한 죄책감으로 직장을 그만두고, 아이와 함께 캐나다로 유학을 떠났다 한다. 최근에 들려온 그녀의 소식은 좋은 직장과 좋은 기회를 버리고 선택한 아이들의 뒷바라지에 온 힘을 기울이고 있다는 것이었다.

세 번째는 리더 역량 장애물이다. 즉, 여성은 남성에 비해서 네트워크에 취약하고, 리더십이 계발될 여지 또한 없다는 것이다. 그래서 결국은 리더로서 활동에 한계가 발생하는 장애물이 또 작용한다는 것이 연구 자료의 주요 내용이었다.

아직 결혼을 하지 않은 우리의 C씨에게는 이런 장애물들을 뛰어넘을 수 있는 자신만의 노하우가 있었다. 대학 때부터 비즈니스 전선에 뛰어들었던 그녀는 "도전 정신과 열정이 있으면 얼마든지 가능하다"고 두루뭉실하게 말하기도 하지만, 그녀만의 노하우는 분명 귀담아 들을 만한 가치가 있다.

그녀의 세대는 첫 번째 장애물인 교육 장애물과는 별로 상관없는 세대였다. 또한 그녀는 일을 하건서 좀 더 집중할 수 있도록 대학원에서의 전공 역시 일과 관련된 것으로 정했다. 이번에 논문만 쓰면 그녀는 박사과정을 무난히 졸업할 것 같다.

아직은 결혼을 하지 않고 부모님과 같이 산다는 것은 두 번째 장애물인 '가사와 육아로 인한 경제 활동 포기'를 생각해 볼 때 확실히 그녀에게 도움이 되는 부분이다. 즉, 부모님과 같이 사니 사소한 가사일도 부담으로 여겨지지 않았지만, 그녀는 부모님의 용돈과 겸해 자신의 생활비를 내놓음으로써 아주 적은 가사일로부터도 해방되었다. 물론 그녀도 독립해서 따로 오피스텔을 갖고 싶지 않은 것은 아니었다. 부동산 투자를 해 보면서 오피스텔을 얻을까 생각해 보기도 했지만 비용 차원에서도 조금 망설여지고, 여자 혼자 생활하면서 생길 수도 있는 위험을 굳이 감수할 이유도 없었다.

그녀의 노하우가 가장 빛난 부분은 바로 삼성경제연구소의 자료에서 언급된 세 번째 장애물, 즉 '리더 역량 장애물'을 극복한 부분이다. 일찌감치 사업에 뛰어든 것이 좋은 기회로 작용했는지, 그녀는 일과 관련된 사람들과 자연스러운 네트워크를 형성했다. 그녀가 '비즈니스는 결국 영업이고, 영업은 곧 사람이다'라는 공식을 알게 된 것도 일을 시작하면서부터였다. 일을 벌이려고 보니 결국은 사람들과의 관계가 있는 상황과 없는 상황이 천지 차이라는 것을 알게 된 것이다. 그녀가 대학원에 진학한 것에는 그러한 이유도 있었다. 일을 하다 보면 그 일과 관련된 학연이 있게 마련이고, 그 학연으로부터 일과 관련된 지인을 만나게 되었기 때문이다. 그렇게 알게 된 사회적 지인들은 자연스럽게 사업을 확장하는 데 있어서 전문적인 지식 못지않게 큰 도움이 되었고, 그런 지인들과 교류하면서 그녀의 정보 수집력 또한 높아졌다.

처음에는 많이 어색했다. 오로지 공부만 하다가 사업에 뛰어들긴 했지만 무작정 사업 때문에 남에게 도움을 청할 수 있을 정도로 그녀는 뻔뻔한 스타일이 되지 못했다. 그래도 일과 집중된 전공으로 대학원을 다니다 보니 자연스럽게 친목 도모를 위해서 등산도 같이 가게 되고, 그녀가 좋아하는 테니스를 취미로 하는 사람들도 알게 되면서 인맥은 저절로 확장되었다.

C씨가 싱글이라는 것도 사람들과 어울리는 데 도움이 되었다. 간혹 수업 후 늦은 저녁 맥주 한 잔 정도를 나누는 친목회가 있을 때도 가정을 가진 다른 여자 동기들은 자리를 떠야 했지만 그녀는 사람들과 어울릴 수가 있었다. 아무래도 그런 자리는 학교에서 할 수 있는 이야기 범위보다 더욱 다양하고 넓은 주제에 대해 서로 토론할 수 있어서 좋았다.

그런 모임이 익숙해지자 그녀는 스스로 대학원 외에도 학술 사이트의 여러 동호회에 가입을 했다. 그녀가 여러 사람과 어울리다 보니 학교 밖에서 공부해야 할 분야들도 너무나 많음을 알게 되었다. 예를 들어 그녀는 프리젠테이션을 자주 해야 하는지라 화술이 뛰어나야 하는데, 말이야 술술 할 수 있지만 그녀의 말에는 사실 사람의 마음을 사로잡는 기술이 없어서 딱딱한 느낌만 들 뿐이었다. 그래서 그녀는 스피치와 관련된 동호회에 가입해서 강의도 듣고 저녁 모임도 가지면서 네트워크뿐만 아니라 실력까지도 높여 갔다.

나에겐 멘토가 있다

그녀의 회사도 솔직히 여자보다는 남자의 비율이 많다. 그리고 어린 나이에 직급이 높다 보니 군대 다녀와서 나이 많고 억센 남자 직원들을 다루며 조직을 이끌어 가는 데 있어서 솔직히 어려움이 있었다 한다. 그런 부분을 어떻게 극복했냐고 묻는 질문에 그녀는 "뭐니뭐니 해도 멘토의 도움이 가장 컸죠"라고 대답한다.

그녀의 멘토는 다양하다. 대학 때 자기 전공과 관련된 사업을 시작한 그녀는 당연히 학연이 많고, 여러 동호회에 가입하면서 사람을 많이 만나기도 했다. 그들 속에서 자연스럽게 비즈니스 이야기를 하다 보니 굳이 따로 멘토를 만들려고 하지 않아도 그녀를 격려해 주고 그녀에게 길을 제시해 주는 다양한 사람들을 만날 수 있었다.

그녀의 가장 큰 멘토는 자신의 동업자이다. 성별은 달라도 서로의 입장을 이해할 수 있고, 함께 10년을 같이 일해 온 사람이라 가족 같다. 조직 내에 다른 멘토도 있다. 조직 내에서 다른 사람들과의 중재를 잘 맡고 있는 모 과장은 직급은 낮아도 그녀가 힘들 때 힘이 되는 사람이라 한다. 그 외 협회에서 만난 모 그룹의 이사님과 CEO를 하고 있는 몇 명의 '왕언니'와 '큰형님'들이 있다. 이들과는 같은 업종에서 근무하지는 않지만 사적인 만남을 종종 가지면서 다른 세계와 업종에 대한 이야기를 들으면서 폭넓게 세상을 볼 수 있게 되어서 좋다. 특히 경제 감각이 약한 그녀에게 그러한 '왕언니' '큰형님'들은 한수 가르침을 전혀 주기에 충분하다. 지금은 기업의 CEO 혹은 임원인 이 언니들은 같이 만난 자리에서 "예전에는 더욱 사회생활하기가 힘들었다"고 말한다. 그녀들은 한결같이 육아와 함께 일을 병행한 케이스들로, 여성의 성공을 막는 장애물들을 무수히 많이 경험했다고 한다. 보이지 않는 유리천장 같은 차별도 적잖이 겪은 큰언니들은 옅심히 사는 C씨의 성공을 바란다. 자신들이 얼마나 힘들게 남성 중심의 사회에서 고생했는지를 누구보다 더 많이 알기 때문에, 그래서 그녀를 좀 더 세심하게 챙겨 주며 그녀가 성공하기를 더욱 원한다.

누가 뭐래도 아직까지 여성은 소수이다. 조직 내의 소수가 성공하기 위해서는 조직에서의 생활을 이끌어 줄 존재가 필요하다. 즉, 자신의 능력을 발휘할 수 있는 기회를 줄 영향력 있는 멘토나 후원자를 가져야 한다는 것이다. 현재 상황에서는 여성 멘토를 찾는 일이 쉽지 않다. 내가 근무하는 직장을 비롯하여 사회 전반적으로 일하는 여성이 늘어나고 있는 추세라고는 하나, 아직도 여자 선배라고는 몇 없기 때문이다.

따라서 여의치 않은 경우에는 남성 멘토로부터 도움을 받는 것도 필요하다. 멘토는 자신의 업무 능력을 향상시켜 주고 역할 모델이 되어 줄 사람이기 때문에 굳이 성별을 따질 이유도 없다. 나의 경우만 해도, 일을 고되게 하고 난 뒤라든가 앞길이 흐릿하게 보인다 싶으면 전화 버튼부터 누르고 본다. 나에게 격려도 해 주고, 지금 가고 있는 방향이 옳은가 그른가 조언도 해 줄 수 있는 같은 업종의 많은 선배들에게 말이다. 그들에게 장난스레 "내가 치고 올라갈 테니 선배는 더욱 분발하라"고 말하기도 하고, 때로는 너무나 힘들다고 고민을 털어놓기도 한다. 그렇게 연락을 하면 그들은 언제나 반가이 맞아준다. 그들도 내가 스스로 서서 나아가길 희망하는 사람들이기 때문이다. 그들은 나에게 큰 그릇들이다.

자신에게 상을 주는 법

과거엔 여성이 삶의 안정성을 확보하는 제도적 장치로서 결혼을 선택했지만 요즘의 여성들은 다르다. 사회적 지위와 경제력이 과거보다 많이 향상되어 결혼에 얽매이지 않는 여성들이 많아졌다. 그녀들은 누군가에게 기대지 않고 스스로 성장하고 성취하는 삶을 위해서 일도 하고 투자도 아끼지 않는다.

일만 하는 C씨에게도 삶을 즐기는 여러 가지 방법이 있다. 그녀는 최근 비즈니스를 좀더 확대하기 위해서 중국어를 공부하고 있다. 일을 할 때는 일에 전념하지만 그 외의 시간에는 문화생활을 많이 한다. 공연을 관람한다거나 여러 지인들과 맛집을 찾아다니기도 한다. 최근 그녀는 새로운 일에 전념해 보고 싶다며 첼로를

배우기 시작했다. 왠지 예술 쪽에 '필이 꽂혔다'며 일로 인한 자신의 스트레스는 예술로 풀어 주어야 할 것 같다는 게 그녀의 장난기 어린 답변이다.

하지만 가장 즐거운 취미는 바로 여행이기에, 하나의 프로젝트를 끝내면 그녀는 꼭 여행을 떠난다. 최근에 유행하는 곳도 가고 멀리 유럽에도 배낭 하나 달랑 메고 다녀온다. '이번에 맡은 프로젝트가 끝나면 어디를 갈까'하는 걱정도 필요 없다. 새로 맡을 프로젝트에 맞게 여행 일정도 이미 올해 초에 모두 구상해 놓았기 때문이다. 올해는 세계의 유명 박물관을 둘러보는 것이 주된 계획이다. 그녀가 프로젝트를 하나씩 성사시킬 때마다 그녀가 가 볼 수 있는 박물관 수도 하나씩 늘어날 것이다. 꼭 목표 트리를 만들어 놓은 것처럼 그녀의 책상 앞에는 자신의 프로젝트와 가고자 하는 박물관 사진이 하나 가득 붙어 있는 계획표가 있다. 그녀에게는 돈 버는 것 자체도 일을 할 수 있는 모티브이지만, 그렇게 자신의 성과에 맞는 상을 스스로에게 줌으로써 또 다른 모티브를 만들고 있었다. 싱글이라 외로울 거라는 나의 추측을 과감히 깨뜨린 채 말이다. 그런 그녀를 보니 나도 이 책을 출간한 후에는 나에게 어떤 상을 주면 좋을까 상상하면서 즐거워진다.

제 4 장

그녀들에게서 배우는 실천 지침들

성공과 관련된
실전 다이어리
: 스탠바이~ 액션!

씨티은행 홍콩 지점이 최근 발표한 「홍콩의 100만 홍콩달러 부자 조사 2006」이라는 자료는 2006년 홍콩 주민 가운데 100만 홍콩달러(약 1억 2천만 원)이상의 유동자산을 보유하고 있는 부자에 대한 결과를 내놓았다. 이에 따르면 이들 부자의 평균 연령은 48세였고, 2004년에 44%를 차지했던 여성의 비중은 51%로 증가했다. 또한 영국은 2004년에 이미 남자 부자보다 여자 부자가 많은 최초의 나라가 됐다. 그렇다면 여자 부자가 아시아에서 가장 낮은 수준에 속하는 우리나라 여성들은 부자를 어떻게 생각할까?

『여성신문』에서 2006년 10월경에 실시한 설문에 따르면 우리나라의 20~50대 여성들은 최소한 20억 이상의 재산이 있어야 부자라고 생각하는 것으로 조사됐다. 전체 응답자의 33.7%는 자신이 앞으로 벌 수 있는 돈이 약 5억에서 10억 원 정도라고 답해서 10억 정도도 매우 큰돈으로 여기고 있음을 알 수 있다. "왜 부자가 되고 싶은가"라는 질문에는 1)즐기며 살기 위해, 2)남에게 인정 받기 위해, 3)2세를 위한 교육투자 순으로 응답했다. 부자가 되기 위한 방법으로는 저축이 46.1%로 가장 많았고, 부동산 투자가 23.6%, 주식투자가 17.3%였다.

한편 남자 부자보다 여자 부자가 드문 이유를 묻는 질문에는 1)남성에게 경제권이 있어서(32.8%), 2)여성에 대한 사회적 편견과 차별(30.7%), 3)여성이 돈 벌 기회가 적기 때문(25.4%)라고 답함으로써 여자 부자가 적은 이유를 사회구조적 문제와 연계하여 인식하고 있는 것으로 나타났다. 또 "경제 및 재테크 정보를 어디서 얻는가" 라는 질문에는 1)신문(28.5%), 2)인터넷(26.5%), 3)가족과 주변 사람과의 대화(17.5%) 순으로 답해 전문서적이나 세미나, 강좌 등을 통한 체계적인 재무 설계에 대한 인식은 부족함을 보여줬다.

얼마 전 친구가 "아는 사람을 보낼 테니 금융컨설팅을 좀 해 달라"고 개인적으로 부탁을 해 왔다. 찾아 온 사람은 나이 30대 후반의 프리랜서로 일하는 싱글녀였다. 프리랜서이긴 해도 월 일정액 이상 들어오는 수입이 있었고, 지금까지 모은 돈이 약 몇천만 원 정도가 되며, 앞으로는 제대로 투자 한 번 해 보고 싶어서 아주 큰 마음을 먹고 증권사에 노크를 했단다. 그러나 나는 결국 그녀를 그냥 돌려보내고 말았다.

나는 그녀에게 지금 들고 있는 적립식 저축은 어떤 것이고 목표 수익률은 어떻게 되는가를 물었다. 그녀가 지금까지 해 본 것이라곤 적립식 펀드 하나였는데, 그 펀드가 무엇에 투자하는 것인가를 물었는데도 그녀는 대답을 잘 하지 못했다. "그저 어느 증권사에서 권유해서 가입한 것으로, 부동산 펀드인데 MMF다"라고만 말할 뿐이었다. 아는 사람은 알겠지만, 솔직히 적립식 펀드를 부동산 펀드로 운용한다는 것은 별로 의미가 없는 데다가, 그것을 취급하는 것 또한 조금 이해가 가지 않는다. 어쨌든 그녀는 그 외에는 말 그대로 은행의 '저축'만을 해 봤다고 한다.

목표 수익률은 20% 정도를 잡는 그녀에게 "원금의 20%가 날아가도 되겠냐"고 했더니 너무도 쉽게 "그래도 된다"고 말한다. 그래서 재차 "원금 20% 손해가 무엇을 의미하는지 아느냐"고 물었더니 이내 무슨 소리인가 하는 표정으로 내 얼굴을 쳐다본다.

한 번도 투자라곤 해 본 적이 없고, 지식도 전무한데 20%의 목표 수익률을 잡고 있으며, 리스크에 대해선 생각해 본 적 또한 없음에도 불구하고 투자를 해 보겠다는 그녀는 솔직히 금융기관의 직원들에게 너무나 위험한, 폭탄 같은 존재이다. 문제가 생겼을 때 민원의 소지가 가장 많은 부류에 속하는 인물이기 때문이다.

그러나 그녀에게 솔직하게 이야기할 수밖에 없었다. 목표 수익률은 현재 그녀의 투자 지식이나 경험에 비해서 너무 높게 잡은 것이고, 투자 공부부터 좀 해야 할 듯 싶고, 대략 금융 상품을 소개하고 권유할 수도 있지만 장기적으로 본인을 위해서는 전혀 도움이 되지 않을 것 같다고 말이다.

사실 그녀를 만나며 나는 참 난감했다. 그녀는 그날 입고 온 옷이나 가방, 구두는 정말 성공한 30대 싱글녀처럼 전부 세련되고 멋있는 것들이었다. 그러나 그녀의 그런 패션 감각이 무슨 소용인가 싶었다. 그녀는 분명 옷이며 가방, 구두를 고를 때는 한두 군데 백화점이 아니라 여러 곳의, 아니 모든 매장을 다 둘러보고 상품을 골랐을 것이다. 자신의 몸매의 장점을 잘 드러내고 단점을 잘 커버하는지도 확인하며 여러 번 입었다 벗었다를 반복했을 것이고, 최종적으로 하나의 상품을 고르기까지 상당한 시간이 걸렸을 것이며, 그런 패션 감각과 노하우를 기르기 위해 수많은 잡지를 보거나 친구들과 함께 쇼핑을 나가 그들의 조언을 구하기도 했을 것이다. 그런 그녀는 왜 자신이 지금까지 번 돈을 금융기관에 맡기면서, 그것도 수수료까지 줘 가면서 직원이 추천하는 상품이 자신에게 맞는지 안 맞는지 알아보지도 않고 "그냥 알아서 주세요"라고 말하는 것일까?

앞서 언급한 설문 조사에서도 그렇고 개인적으로 소개 받은 그녀의 이야기에서도 그렇고, 요즘처럼 수많은 펀드가 범람하는 세상에서도 아직도 많은 여성들은 부자가 되기 위한 방법을 '저축'으로 생각하고 있다는 것을 본 나로서는 증권사에 여성 고객이 적은 것이 당연한 결과라고 생각되었다. 자신의 머리 스타일을 정할 때에는 그렇게나 많은 고민을 하면서도 자신이 번 돈을 투자할 때에는 재테크와 경제에 대한 공부는 하지도 않고 그저 무턱대고 남의 말을 쉽게 따라하기만 하는 여성들이라면 남자 부자보다 여자 부자가 적은 이유를 사회제도적인 문제와 연결시키지는 말자.

그렇다면 우리 여성들의 현 주소를 알 수 있는 좋은 기회로 삼고 부족한 점을 보완하여 새로운 경제 계획을 세우고 실행할 수 있는 멋진 부자 여성으로 거듭나기 위해 우리는 무엇을 해야 할까? 지금부터 우리의 액션 강령을 하나씩 만들어 보자.

1. 여자 부자의 모델들을 보고 배우자

우리 사회에서는 아직까진 리더 계층에 속한 여성이 소수이고, 상징적인 역할만을 수행한다고 생각하는 것 같다. 하지만 최근 여성의 고학력화와 전문 경력 추구 경향이 강화되면서 리더 계층으로 진입하는 여성의 수가 급증하고 있다. 양적인 확대뿐만 아니라 과거 상징적인 존재 머물던 여성 리더의 위상이 실질적인 영향을 갖는 단계로 접어든 것이다.

미국에는 콘돌리자 라이스 미 국무장관과 힐러리 클린턴, 디자이너 베라 왕, 오프라 윈프리 등 다양한 여성 성공 모델들이 있다. 음악 신동이자 스케이트 선수 출신이었던 콘돌리자 라이스는 스스로의 선택에 의해 정치에 발을 들이며 또 다른 새로운 세계에 도전했다. 디자이너 베라 왕은 부잣집 출신임에도 불구하고 작은

오프라 윈프리

옷가게 점원으로 시작하여 현장 바닥을 배웠다. 그녀의 웨딩드레스는 지금 300만 달러를 호가한다. 편한 생활을 마다하고 밑바닥부터 올라와 세계 정상급 디자이너로 등극한 그녀에게는 인정 받을 만한 과정이 있었다. 강인한 성격의 소유자이자 새로운 영역의 도전자인 힐러리 클린턴 역시 남편의 그늘 안에 머물지 않는 지도자로서 당당한 역할 모델을 보여주고 있다.

앞서 말했듯 이미 2004년부터 여자 부자들이 남자 부자들의 수를 앞지른 최초의 국가인 영국엔 일찌감치 대처 수상이 있었다. '철의 여인'으로 불리며 강한 추진력으로 1980년대 영국 노동자들의 강력한 반대에도 불구하고 자신의 정책을 통과시키는 용기와 대범함을 겸비했던 그녀는 딸 집의 도배도 직접 도와주는 일상의 엄마였지만 정치 분야에서는 드물게 고집 있는 여성으로 정치와 경제 전반에 영향을 미쳤다.

이처럼 선진국에는 많은 모델들이 있지만, 아직까지 우리나라에서는 성공한 여자 부자들을 찾기가 쉽지 않은 상황이다. 어쨌거나 영국처럼 여자 부자의 숫자가 전체 부자의 50%를 넘지 않는 이상, 우리나라에서 역할 모델은 아직 정치인 몇 명, 재벌가의 딸 또는 며느리 몇 명에 국한될지 모른다. 하지만 아직까지 드러나지 않은 한국의 여자 부자들의 힘은 3장에서 이야기한 것처럼 금융기관에 있는 사람이라면 이미 강하게 느끼고 있을 것이다.

3장에서 우리 여성의 부자 선배들은 어떠했는가? 그녀들의 강

점을 정리해 보면서 그것이 우리에게 어떤 시사점을 가지고 있고,
우리는 그것으로 어떠한 액션 플랜을 짜면 좋을지 생각해 보자.

진짜 부자, K씨에게는 어떤 강점이 있는가?

1) 자신을 누구보다 잘 알아야 한다

그녀는 목표 수익률과 리스크를 아는 만큼 포용할 수 있다
는 것을 알고 있었다. 자신의 목표 수익률과 리스크를 아는
사람은 부자가 될 자격이 있다.

2) 자신을 숨기지 말고 드러내라

돈이 없는 사람들일수록 대개 금융기관에 가서 '그냥 좋은
금융상품'만을 찾는다. 그러나 중요한 것은 '자신에게 맞는
투자'이다. 자신을 재무 컨설턴트에게 '알리고 홍보해야' 더
욱 잘 맞는 투자를 권해 줄 것 아닌가.

3) 자신의 능력을 믿고 행동하라

주부였던 그녀는 아이 셋을 낳고도 1970년대 당시 사업에
뛰어들었다. 자신을 믿지 않았다면 할 수 없었을 일일 것이
다. 일단 자신을 믿는 것이 모든 일의 시작이고, 역경이야말
로 스스로의 길을 창조해 나갈 계기를 마련해 준다는 것을

기억하자.

4) 정보를 얻고 확인할 수 있는 루트를 충분히 갖고 있어야 한다

K씨는 들려오는 정보만을 기대하지 않고 각종 신문이나 여러 루트를 갖고 있었다. 그녀는 스스로 찾아 움직였고, 주거래 금융기관만을 맹신하지 않고 여러 금융기관과 거래하면서 다양한 정보에 귀를 기울였다.

5) 정보는 남에게 맡기지 말고 자신이 직접 확인하고 또 확인하라

내가 접하는 정보가 100% 모두 좋은 정보라는 법은 없다. 그중 정말 필요하고 제대로 된 정보가 무엇인지 걸러내는 작업이 더욱 중요하다. 그 작업은 바로 본인이 끊임없이 확인을 하면서 해 나가야 한다. 수익이 나든 손해가 나든 투자의 책임은 투자자에게 있기 때문이다.

평범한 아줌마, G씨는 어떻게 부자가 되었나?

1) 남들의 눈을 의식하지 말라

그녀는 강남에 살아도 사치와 낭비를 몰랐다. 자신의 검소한 스타일을 고수하면서도 누구보다 깔끔하게 살았다. 굳이 명품 가방, 명품 구두, 명품 패션 의류를 착용하지 않아도 그

녀 자체가 명품이었다.

2) 기본적으로 잘 버는 것보다 잘 쓰는 것이 중요하다

버는 것은 누구나 할 수 있다. 중요한 것은 어떻게 쓰느냐 하는 것이다. 잘 쓰는 것이 잘 버는 것보다 중요하다. 그녀는 알뜰살뜰, 청렴결백한 삶 그 자체를 살았다. 그녀처럼 사는 사람에게 돈이 새어 나갈 틈이 없는 것은 당연지사!

3) 정보는 충분히 얻어야 한다

정보를 모르면 직접 듣고 봐야 한다. 그녀는 신문의 전단지 하나라도 버리지 않고 읽었다. 보고 모르면 물었고 또 다녔다. 그리고 비교하고 또 비교하며 자신의 재테크 실력을 키워 나갔다.

4) 주부에게 맞는 재테크 전공을 살렸다

그녀의 1차 전공은 '육아와 가사'였다. 육아와 가사를 잘해 나가면서도 가능한 재테크 방법으로 공모주 투자를 찾았다. 그것은 당시의 매매 시기이 잘 맞는 투자였다.

1) 나의 투자는 내가 책임진다

베이징대학교 법학박사 출신이면서 상하이 정법대 법학교수인 후룽언씨는 5년 동안 법관을 지낸 후 고향인 원저우로 돌아가 수력발전회사를 차려 큰 돈을 벌었다. 기업 운영과 학업을 병행하고 있는 후 교수는 "돈을 버는 것이 인간의 독립성과 존엄성을 보호하는 방법"이라고 말했다. 즉, 끊임없는 배움과 지식으로 무장한 부는 인정받을 만하다.

바로 J씨가 그에 해당하는 인물이라 할 수 있다. 그녀는 투자를 할 때 100% 자신이 판단을 내린다. 반드시 자신이 공부하여 투자하고, 그렇게 부를 이루었다. 그녀의 성공이 존경스러운 것은 그 '배우는 자세' 때문이다.

2) 투자는 종자돈 만들기부터!

종자돈이 있어야 한다. 모을 돈이 없으면 전세로 사는 자기집이라도 남에게 내놓아서 수입원을 만들고, 밥값 같은 고정지출이라도 아끼려는 J씨의 정신 자세를 본받아야 한다.

3) 봉사와 기부가 투자의 제 맛!

벌기만 하는 것이 중요한 것이 아니다. 잘 쓰는 것도 중요하다. 자신이 번 만큼 사회에 환원할 줄 아는 그녀는 정말 투

자의 고수라 할 수 있다.

사업가 Z씨에게선 무엇을 배울까?

1) 내가 가진 꿈을 버리지 마라

육아와 가사에 시달린다고 나의 꿈을 버리지 마라. 어떻게
든 가능한 방법을 찾아라.

2) 만남을 네트워크화하라

수다 떠는 모임으로 만나는 관계도 네트워크로 만들어야
한다. 여자들의 관계에는 끈끈한 무언가가 있다. 모임에서 만
난 사람들과 단순한 관계에 머물 것이 아니라, 그들이 내 삶
의 지원자가 되도록 만들어야 한다. 종교 모임이나 꽃꽂이 모
임, 학부모 모임 등 다양한 모임을 적극 활용하라.

3) 자신의 현실 속에서 방법을 찾아라

그녀는 외로워도 슬퍼도 캔디처럼 긍정적인 방법을 찾았
다. 자주 이사를 하면서 그녀는 상황을 탓하기보다는 새로운
환경에 잘 적응하는 법을 배웠다. 남편의 잦은 파견 근무 환
경 속에서도 그녀는 부동산 재테크 '꺼리'를 찾아냈다.

1) 열심한 일한 그녀, 성공을 얻다

그녀는 정말 열심히 살았다. 일찌감치 자신의 전공을 살렸고, 그 일에서 최선을 다했다. 그녀의 말대로 비즈니스를 제대로 한 번 해 봤다고나 할까.

2) 선택과 집중의 중요성!

그녀는 무엇보다 일을 중시했다. 돈을 버는 것보다는 일을 벌이는 시점이라서 일 그 자체에 집중했다. 그럼 재테크 방법만큼은 수월한 것으로 찾을 수밖에 없었다. 그래서 그녀는 자신의 일을 가장 우선순위에 두고 재테크는 2순위에 두면서 무리한 투자가 아닌 안정적 투자 방법을 찾았다.

3) 직테크는 또 다른 재테크이다

그녀는 엄연한 비즈니스 우먼이다. 그녀에게 있어서 일이란 삶이다. 끊임없이 자신의 전공에서 배우고 네트워크를 넓히는 것은 당연한 일이다.

4) 워킹 우먼의 가장 큰 힘은 바로 멘토이다

그녀가 힘들 때 찾아가는 것은 남자친구가 아닌 멘토이다. 멘토는 그녀의 든든한 항체 같은 존재라고나 할까.

5) 자신을 사랑하라

　그녀는 자신에게 도전하고 승리할 때마다 스스로에게 상을 준다. 이것은 싱글로 사는 그녀가 그녀 자신을 사랑하는 방법이고 그녀가 또 다시 도전하게 하는 힘이다.

　이처럼 3장에 나왔던 여성 부자들을 살펴보면 하나같이 강단 있는 여성들이다. 그녀들은 돈이 많기만 한 것이 아니라 겸손하기까지 하다. 돈을 모으는 과정에서 그렇게 된 것이 아닐까 싶다. 그녀들의 인생은 럭셔리하다기보다는 땀과 노력으로 얼룩져 있기 때문이다. 어쨌든 그녀들의 성공에는 특별한 왕도가 없었다. 그녀들의 공통점은 폭넓은 정보를 자신의 것으로 만든다는 것! 네트워크, 바로 사람을 중요시한다는 것! 그리고 많이 공부한다는 것이다.

　현재 자신의 위치에서 최선을 다하면 성공한다는 것, 그것이 진부하지만 만고불변의 진리이다. 토끼와 거북의 경주에서도 토끼는 자신의 능력을 믿고 거만했지만, 거북은 자신과의 싸움에 전력투구했다. 거북은 승패와 상관없이 정상까지 가보겠다는 각오로 도전했기에 자신만의 성공을 거둘 수 있었다. 이처럼 부자가 되는 방법은 남과의 경쟁이 아닌, 바로 자신과의 끊임없는 싸움과 도전에 달려 있다. 자신과의 승리를 위해서 끊임없이 정진하는 것만이 인생의 승리를 가져오는 법칙인 것이다.

나의 재무 컨설턴트, 찾을 만큼 찾아 보자

재테크와 관련된 많은 충고 중에 빠지지 않는 것이 '재무 컨설턴트, 전담 직원을 두어라'이다. 과연 그럴까? 물론 나에게 맞는 조언을 해 줄 수 있는 사람이 있으면 그만큼 좋은 일이 없을 것이다. 하지만 이 말에는 어폐가 있다. 단 한 명의 전담 직원을 두는 것에는 전제 조건이 따르기 때문이다.

즉, 그 한 명을 신뢰할 수 있느냐 하는 문제 말이다. 컨설턴트가 얼마나 다양한 투자경험이 있는 사람인지, 경력은 얼마나 되었는지, 고객에 대해서 파악을 잘 하는지, 그리고 고객의 의사를 잘 이행해 줄 수 있는 사람인지 등등 컨설턴트의 프로파일부터 먼저 검토해 보고, 그가 믿음직한지를 확인해 봐야 한다. 이 것은 그 컨설턴트와 몇 번 만나 봤다고 결정되는 문제가 아니다.

대개의 부자 고객들은 여러 명의 컨설턴트를 두고, 그들을 통해 한 가지 문제에 대해 여러 번 확인을 한다. 한 사람에게서만 듣는 것이 아니라 여기저기에서 들음으로써 다양한 시각으로 한 가지 문제를 파악하려 한다. 그럴 경우에 생각지도 않은 변수들을 고려해야 함을 알게 되는 경우가 종종 생기기 때문이다.

우리 여성들은 사람을 무턱대고 믿는 경향이 있다. 한번 알았다고 해서 컨설턴트에게 너무 많이 의존하지는 말자. 그 사람과 거래를 트기는 해도 여러 명의 컨설턴트로부터 다양한 컨설팅 서비스를 받아 보자. 아직 우리나라는 상담을 한다고 돈을 더 내는 구조는 아니다. 그러므로 뭘 잘 모르고 재테크를 시작할 때 한 사람의 컨설턴트가 아니라 다양한 컨설턴트에게 정보를 얻고 판단하는 지혜를 가져 보자.

2. 여자들이여!
자신을 사랑하라

자신만을 위한 '부족한 2%에 투자하기'

옛날에 하루에 한 개씩 황금알을 낳는 거위가 있었다. 정성껏 길러줬던 거위의 주인인 농부는 황금알 덕분에 금세 부자가 된다. 농부는 부자가 된 후 욕심이 더 커져 하루에 한 개씩이 아니라 한 꺼번에 많은 황금알을 가지고 싶었다. 결국 "배를 가르면 이 속에 수천 개의 황금알이 있을 거야"라는 생각에까지 이르게 된 농부는 거위의 배를 갈랐다. 물론 그 안에는 아무것도 없었다. 농부는 땅을 치고 후회했지만 배를 가른 거위는 죽어 버렸기에 아무 소용이 없었다.

이솝 우화에 나오는 일화 중 하나이다. 거위가 황금알을 낳을 수 있었던 것은 모이도 많이 주고, 애정으로 키운 주인의 정성이 있었기 때문이었다. 하지만 주인이 이를 간과하고 모이도 제대로 주지 않고 아무렇게나 키웠다면 거위는 황금알을 낳기는커녕 병 들어 금세 죽었을 것이다.

사람 역시 이 황금알을 낳는 거위나 다름없다. 바쁜 일상 생활 속에서 자신을 돌아보지 않고 가꾸지 않는다면 인생이 황폐해질 수밖에 없다.

우리 주부들은 언제나 본인보다는 가족을 우선순위에 둔다. 그러다 보니 건강에 적신호가 와도 식구들이 모두 한 번씩 보약을 먹고 나서야 차례가 돌아온다. 게다가 밥이나 국을 그릇에 뜨는 순서도 언제나 가장 마지막이다. 여러 식구들 모여 밥이라도 집에서 해 먹을 때에는, 식구들이 다 먹고도 밥이 조금 남을 것 같으면 주부의 밥 양도 많아지고, 밥이 모자랄 것 같으면 주부의 밥이 조금 적어지는, 그런 조율 아닌 조율 역할을 맡는 것이다. 옷도 다른 식구들을 새로 다 해 입힌 다음에야, 정작 본인은 식구들 입었던 옷을 버리기 아까워서 「장밋빛 인생」의 맹순이처럼 고쳐 입곤 한다.

하지만 그렇게 살아 봤자 손해 보고 불쌍한 것은 우리 여자밖에 없다. 결국 「장밋빛 인생」의 맹순이가 그랬고, 「나쁜 여자 착한 여자」의 세영이 그랬다. 열심히 살면서 가족만 알고, 가족만 해 입히고, 가족만 해 먹였다. 이렇게 가족을 위하는 것이 나쁘다는 것이 아니다. 그녀들의 죄는 '자신은 돌보지 않았다'는 것에 있다. 즉. 자신에게 투자하는 법을 몰랐다는 것이고, 이는 결국 매일 돌봤어야 하는 황금알 낳는 거위를 서서히 죽여 간 꼴밖에 되지 않는 것이다.

이제부터 자신을 지키기 위해, 그리고 스스로 보이지 않는 가치를 업그레이드하기 위해서 변화를 주어 보자. 건강을 위해서도 좋고, 취미를 위해서도 좋다. 새로운 분야를 공부해 보고, 자신이 관심이 많은 분야의 책을 사는 것도 좋다. 남편이나 자식, 부모를 위해서가 아닌 자기 스스로를 위해서 투자를 하자.

기존의 가계부에 자기의 공간을 만들자. 자신을 위해서 생활비의 2%는 배분하여 따로 예치하자. 자신만을 위한 통장을 만들고, 그 돈을 자신만의 문화, 교육, 건강 생활비로 활용해 보자. 자기 가치를 높이는 자에게만 기회도 찾아오기 때문이다. 최근 더 젊어졌다는 40대 몸짱 아줌마도 그렇고, 사업가 또는 교육자로 새로운 성공을 거두고 있는 많은 여성들이 그렇다. 다들 알게 모르게 자기에게 투자를 했던 점이 지금의 그녀들을 있게 한 것이 아닌가. 우리 여자들 인생의 2막을 열어 주는 계기를 마련하기 위해, 2% 정도는 자신을 위해 투자하자. 여자의 변신은 무죄이다.

혼테크? VS 전문직? ▮

한 잡지에서 "혼테크 잘하는 방법"이라는 기사를 본 적이 있다. 어떻게 하면 백마 탄 왕자를 만날 수 있는가, 그리고 그를 꼬실 수 있는 방법으로는 어떤 것이 있는가 하는 내용이었다. 매우 긴 장문의 이 기사는 정말이지 질릴 정도로 잡지를 도배해 놓았고 예쁜 일러스트까지 들어가 있었다. 기사에 따르면 의사, 변호사 등 전문직 남성에게는 '친구 같은 편안함으로 다가가야' 하고, 땅 부잣집 아들에겐 '성형수술로 완벽한 얼굴과 몸매를 만든 뒤 튕기는 듯한 매력으로 승부해야' 하며, 사장 아들을 만나려면 '유학을 가거나 유학생들이 자주 가는 바를 노려야' 한단다.

물론 요즘은 결혼도 하나의 재테크라고 해서 '혼테크'라고 불릴 정도인 것을 보니 이 또한 부자가 되는 다양한 방법 중의 하나라고 여겨지는 것 같다. 하지만 가장 중요한 것을 잊은 것이 아닐까? 사랑 없이 돈만으로 결혼해서 부자로 사는 삶이 그렇게 백설공주나 신데렐라의 그것은 되지 못한다는 것 말이다.

압구정의 L원장은 실력뿐만 아니라 재력으로도 알려진 성형외과 의사이다. 그의 집안 또한 이름만 대면 알 정도로 화려한 집안이었다. 게다가 L원장은 재력도 재력이지만 사업가로서의 면모도 갖추고 있어서 거의 기업가 수준으로 병원을 넓혀 가고 있다.

그런 그와 결혼한 부인은 행복할까? 아들 하나를 둔 부인은 입주 파출부를 두고 있어서 집안 살림 같은 것은 아예 신경 쓰지 않아도 되었다. 게다가 아들 하나 낳아 주었으니 시댁 어르신들도 그녀에게 뭐라 하지 않는다. 호텔 회원권을 끊어 운동을 다니고, 매일 피부 마사지를 받는다. 간혹 남편의 심부름으로 금융기관이나 동사무소에 다니면서 다 큰 아들 돌보는 일이 그녀가 하는 일의 전부이다.

그러나 어느 집안이든 꼭 하나씩은 고민거리가 있다고 했던가.

그녀는 살이 마를 대로 말라서 피부 마사지를 받아도 탄력이 떨어지고, 우울증 약까지 10년째 복용하고 있다 한다. 집안 좋고, 재력 좋고, 얼굴까지 잘 생긴 L원장이 바람 잘 날 없는 사람이라는 것이 가장 큰 원인이라고 한다. 능력이 좋다 보니 그럴까. 그녀에게 지금 딱 하나의 소원이 있다면 남편과 알콩달콩 사랑하며 사는 것이다.

부모의 보호 속에 살다가 혼테크에 전념하는 여자, 혹은 자신보다는 남자에게 맞춰 살 길을 선택하는 여자들은 행복해질 확률보다 엉뚱한 리스크를 짊어질 확률이 더 크다. 그럼에도 불구하고 여성들이 혼테크에 의존하게 되는 가장 큰 이유는 뭘까? 바로 스스로 설 힘이 없기 때문, 자신 외의 조건에 의지하려 하기 때문이다. 결국 혼테크는 자신의 생계를 다른 사람에게 의존함으로써 유지하는, 기존의 구도를 여전히 지속시키는 방법 중 하나라 할 수 있다.

그러나 성공한 남자를 만나려면 스스로 성공해야 한다. 불행한 여자랑 결혼할 남자는 없다. 스스로 행복을 추구할 줄 알아야 하는 것이다. 혼자 살 자신이 없으면 결혼도 하지 말아야 한다. 결혼으로 해결되는 문제란 없기 때문이다. 차라리 재테크와 결혼하는 것은 어떨까?

사회에서 요구하는 기준에 자신을 맞추기보다는 자기 자신에 대한 애정을 가지고 자신의 감정에 충실한 여성이 점점 늘고 있

다. 젊은 여성이라면 혼테크에 의존하지 않고 자신의 능력을 믿어 보자. 행복은 운이 아니라 노력이라 했던가.

최근 판·검사, 의사, 세무사 등 전문직 분야에서 여성 비율이 두드러지면서 '여풍'이라는 말이 자주 나오고 있다. 이미 판사의 세계에서는 여성 쏠림 현상에 대한 우려의 목소리가 높고, 얼마 전 한림대 의료원은 강동성심병원장에 이혜란 병원장을 선임하면서 의료계에서도 여성 병원장 시대가 시작되는 첫 신호탄을 쏘아 올렸다. 이외에도 공인회계사, 세무사, 변리사 등의 전문직에서도 여성의 합격 비율이 20% 이상으로 높아지면서 조직문화 자체도 크게 바뀔 것으로 보고 있다.

이는 곧 "여자가 일반 회사의 조직에서 성공하기엔 아직 문턱이 높고 유리천정이 있다"며 답답해하고 포기할 필요가 없음을 뜻한다. 성적순으로 하면 대통령도 여자가 되어야 할 정도로 여성의 실력은 뛰어나 보인다. 그러니 전문직에 한번 도전해 보자. 전문직은 절대평가이다. 남보다 열심히 해서 잘하기만 하면 전문직 대열에 참여할 수 있다.

앞서 3장에서의 Z씨는 보석 감정을 공부했다. 보석 감정은 Z씨가 자신의 '끼'를 살릴 수 있는 분야이기도 했지만 남성보다는 좀 더 세심한 여성이 잘할 수 있는 분야이기도 하다. 게다가 여성이라면 반짝이는 보석을 마다하지 않기 마련이다. 그녀는 그렇게 자신이 좋아하고 여성의 섬세함을 살릴 수 있는 직종을 선택해서 공부하고 도전했다. 나이가 50이 다되어 주부로서만 살다가 사업을 했음에도 불구하고 성공했던 이유는 뭘까. 바로 여성의 강점을 살린 직종 덕분이 아니었을까? 이러한 전문직이나 여성들이 성공할 수 있는 분야에 집중하는 전략으로 나날의 삶을 좀더 즐겁고, 활기차고, 당당하고, 신나는 것으로 만들어 보자.

자전거를 처음 타 보는 어린아이처럼 투자를 시작하자

우리 아이가 5살이 되는 해에 어린이날 선물로 자전거를 선물했다. 선물을 했다기보다는 선물을 강요받았다고 해도 틀린 말이 아닐 것이다. 매일 집 안팎에서 아주 낮고 안전한 유아용 자전거를 타는 아들을 보면서 그냥 그런가 보다 했더랬다. 아이에게 굳이 좀 더 큰 자전거를 사줄 생각은 해 보질 못했다.

하지만 어느 날 마트에 간 우리 아이의 눈에 들어온 것이 바로 '형님들이 타시는 자전거'였다. 물론 보조바퀴가 있긴 하지만 그래도 우리 아이가 타기엔 꽤 커 보이는 자전거를 타 보시겠단다. 한번 어떤가 보기라도 해야지 하는 생각에 쉽게 "그래"하고 대답했다가 그날 1시간을 자전거 행사장에서 '꼼짝 마라'를 해야만 했다.

아이는 처음엔 바퀴조차 움직이질 못했다. 자전거를 타려면 앞으로 나가야 하는데, 앞으로 발에 힘을 주기보다는 뒤로 힘을 주기가 쉬웠는지 반대로만 자꾸 돌렸다. 그러나 내리지는 않고 자꾸 "왜 이러지"를 반복하던 아이는 아빠한테 들은 대로 해 보더니 결국 앞으로 나아갔다. 아주 천천히 달이다. 어찌나 천천히 달리던 지 '하긴…… 아직 어리긴 하지' 하는 생각을 했다.

그러다가 직진이 아닌 우회전을 해야 하는 순간 그게 될까 싶었다. 하지만 생각보다 아이는 쉽게 턴을 했고, 또 턴을 했다. 그리고 장애물이 있었으나 조심스럽게 잘 빠져나갔다. 그렇게 타는 방법을 익힌 아이는 어느새 속도까지 제법 내기 시작했다. 마트에서 속도를 내니 남편과 나는 허겁지겁 아이를 제지시켜야 했다. 그러다가 넘어지기까지 했는데도 아이는 울지도 않고 벌떡 일어나면서 다시 탄다. 아픈데도 혹시나 못 타게 할까봐 아프다는 말도 안 하던 녀석은 결국 그날 그 자전거를 타고 집에까지 오고야 말았다.

다음날 그리고 또 다음날 아이는 매일 자전거를 탔다. 처음에는 평지에서 턴하는 법을 열심히 연습했다. 다음날에는 오르막과 내리막을 연습했다. 하지만 쉽지 않았다. 왜 오르막에서 미리 속도를 내야 하는지 나는 알지만 우리 아이는 경험한 적이 없었다. 하지만 결국 아이는 몸으로 터득하그야 말았다. 그리고 거꾸로 넘어져서 봉변을 당하기도 했다. 운동을 배우다 보면 넘어지기도 한다는 것을 알았는지 아이는 포기하지 않고 다시 올라탔다.

나는 우리 아이보다 더 나이가 들었을 때 자전거를 샀다. 용돈 모은 저금통을 탈탈 털어서 샀던 자전거가 아직도 내 마음에 있다. 자전거를 처음 연습할 때는 어찌나 무섭던지. 하지만 점점 더 연습하면 할수록 자전거에 익숙해지는 내가 자랑스러웠고 멋있게 느껴졌던 기억이 있다.

　우리 여성들에게 있어서의 투자라는 것도 꼭 이런 것이 아닐까. 은행의 금융서비스가 소수의 PB고객에게만 집중되고 있는데도 아직 대다수의 사람들은 편리하다는 이유로 은행을 주로 이용하고 있다. 투자는 저축과 다르다. 좀 더 불편함을 감수하더라도 상대적으로 높은 수익을 내는 투자라는 것을 시작해 볼 때가 되었다. 누구나 처음에 무언가를 시작한다는 것은 자전거를 처음 타는 순간과 비슷하다. 아직도 투자보다는 저축에 익숙해져 있는 우리 여성들이여, 투자를 시작해 보자.

　자전거를 처음 타 보는 것이 투자를 처음 해 보는 것과 비슷하다고 생각하면 된다. 낯설고 새롭다. 어렵고 힘들다. 간혹 넘어지기도 한다. 어떤 지형이 있는지 모르고 가면 난감하다. 잘 관찰해야 한다. 오르막도 있고 내리막도 있다. 미리 그런 정보를 알고 준비를 해야 한다. 오르막에선 미리 심호흡을 하고 다리에 힘을 주어 속도를 내야 하고, 내리막에선 브레이크 밟을 준비를 하면서 페달을 약하게 밟아야 한다.

　투자가 그렇다. 투자라는 자전거를 타 보자. 자전거를 처음 탈 땐 어려워도 하면 할수록 어느 순간 터득하게 되는 무엇이 있다. 처음에 보조바퀴가 필요하고, 보조바퀴를 뗄 때쯤에는 누가 뒤에서 잡아 줘야 마음이 편할 수도 있다. 하지만 언젠가 그 손이 없어도 자전거를 잘 타게 되는 바로 그 순간! 그때의 희열을 느꼈던 사람은 안다. 결국 그런 고난의 순간을 다 넘기고 한강변을 자전거로 유유히 달리는 사람에게만 정말 시원한 바람을 맞을 수 있는 자격이 주어진다는 것을 말이다. 마찬가지로 투자에 제대로 맛들인 그녀에게는 분명 시원한 바람만큼의 대가가 주어질 것이 당연하다는 이야기이다.

저축보다 중요한 재테크 방법론

38세 김현숙씨는 어제가 결혼기념일이었다. 남편과 토끼 같은 아들 녀석과 함께 저녁을 먹으며 행복한 시간을 보냈다. 그런데 그날 밤의 행복했던 시간은 부부 싸움으로 끝나버렸다. 결혼기념일을 맞아서 행복하게 잘 살자는 이야기를 하다 보니 자식 교육에 관한 이야기가 나오고, 그러다 보니 그만 돈 이야기로 귀결되어 버렸다. 그녀의 고민을 들어 보자.

1년 후 그녀의 아들은 유치원을 졸업하고 학교에 들어가야 할 터이고, 남편은 좀 더 시간 여유가 많은 직장으로 옮기고 싶어 하는 눈치다. 그동안은 남편과 재테크 쿵짝이 잘 맞아 현재 25평형 아파트 한 채는 그럭저럭 대출을 끼고 공동명의로 하고 있기는 하다. 그러나 둘째도 생각하고 있는 마당에 앞으로 좀 더 넓은 평수의 아파트로 이사 갈 계획도 세워야 한다. '자식 수=아파트 평수=돈'이라는 공식 아닌 공식을 생각하면 그냥 덜컥 아이부터 가질 수도 없는 노릇이다.

남들은 다들 부동산으로 돈 번 것만 같고, 주식으로 재테크하는 친구들도 주식시장이 좋다 보니까 돈 좀 만진 것 같은데, 예금 금리는 오른다 오른다 하다가도 매번 동결되었느니 어쩌니 하는 결론이 나니 결국 통장 잔고는 그간 꿈쩍도 하지 않았다. 금리가 물가보다 낮으니 차라리 물건을 사는 것이 남는 장사인 듯 보이고, 이제 와서 부동산에 투자를 하자니 겁도 나고, 주식투자를 해 보자니 내가 사기만 하면 그 종목만 떨어지고, 팔기만 하면 그제야 오르고 하니 답답할 노릇이다. 과연 이런 경제적인 문제를 벗어나기 위해 그녀는 어떻게 해야 할까?

대부분 재테크라고 하면 '꼬박꼬박 저축하는 것'이라고 생각하는 경우가 많다. 물론 틀린 말은 아니다. 하지만 더 중요한 것이 따로 있다. 바로 다음과 같은, 재테크에 있어서의 네 가지 중요 요소를 제대로 알아야 한다는 것이다.

첫 번째로 중요한 것은 돈을 모으고 경제적인 자유를 획득하고자 하는 의지와 동기 부여이다.

두 번째로 중요한 것은 시장의 트렌드를 따르는 것이다. 내가 아무리 돈을 벌겠다는 의지를 불태운다 해도 내 마음대로 돈이 불어나는 것은 아니다. 돈을 벌려면 돈에 대해 알아야 하고, 그러기 위해서 돈이 어디로 가는가에 대해서 주시해야 한다. 돈의 흐름과 반대방향으로 가서는 돈을 벌기 어려울 수밖에 없다. 즉, 주식시장에서 외국인이 모든 것을 좌지우지하는데도 나의 생각만을 고집한다든지, 금리가 저금리 시대인데도 계속해서 예금만을 한다든지, 남들이 한껏 재미 보고 오를 대로 올라서 거품이 잔뜩 낀 부동산을 그제야 산다든지 하면 돈을 모으거나 불릴 확률보다는 돈을 잃거나 겨우 현상유지를 할 확률이 높다는 이야기이다.

잘 살펴보면 '돈이 가는 곳'이라는 것이 있다. 그리고 돈이 가는 곳은 더욱 돈이 돈을 부르는 곳일 확률이 높다. 그러므로 재테크를 제대로, 그것도 남들보다 잘하고 싶다면 돈이 돈을 부르는 곳, 돈이 가는 곳을 알아야 한다. 그러기 위해서는 시장 및 트렌트에 관한 정보에 대해서 눈을 똑바로 뜨고 귀를 쫑긋 세울 수밖에 없다.

세 번째로 중요한 것은 행동이다. 존 F. 케네디 미국 대통령은, "행동에는 위험과 대가가 따른다. 그러나 이때의 위험과 대가는 안락한 나태함으로 인해 생길 수 있는 장기적인 위험보다는 훨씬 정도가 약하다"라고 했다. 또 1951년에 그는 "1960년대 말까지 사람을 달에 보냈다가 다시 지구로 무사히 귀환시킬 것"이라고 공언했다. 그리고 1969년 7월 20일 1시 27분 40초에 암스트롱은 달을 밟았다.

재테크이든 아니면 다른 무슨 일이든 우리에게 가장 중요한 것은 결과일 수밖에 없다. 그러한 결과를 가져오는 것은 다름 아닌 지금 나의 행동이다. 그러므로 시장을 인식했다면, 그리고 패러다임이 변화한 것을 느꼈다면 나의 재테크 성향이 아무리 보수적이라 하더라도 행동으로 변화시킬 수 있어야 한다는 것이다.

마지막으로 중요한 것은, 자신의 재테크에 대한 결과를 분석평가하고 계획을 수정하는 것이다. 자신이 시장을 바라보고 분석한 결과가 실제 재테크와 얼마나 잘 맞아떨어졌는지 분석해 보아야한다. 그렇게 분석한 결과로 좀 더 나은 다음의 방향을 만들어 나갈 수 있기 때문이다. 이러한 피드백 순환이 재테크 수익률을 제고시키는 역할을 한다.

우리 여성이 재테크에 성공하고 행복해지려면 이러한 네 가지 재테크 요소를 갖추어야 한다. 돈을 모으고 불리겠다는 의지와 동기 부여, 시장과 트렌드에 대한 정보 파악과 인식, 행동으로 옮길 수 있는 실천력, 그리고 마지막으로 결과의 평가와 계획 수정이라는 일련의 재테크 프로세스를 거친다면 최종적으로 웃는 자가 될 것이다.

남성 전용은 없어도 여성 전용은 있다

각 금융기관에서는 여심을 잡기 위한 다양한 금융상품들을 내놓고 있다. 최근 여성의 경제적 지위가 높아지고 재테크에 대한 관심이 늘어나면서 시장도 같이 커지고 있기 때문이다. 따라서 이러한 금융상품들은 여성의 눈높이와 입소문을 겨냥한 다양한 부가 서비스를 제공한다는 것이 특징이다.

은행에는 여성 전용 통장이 있어서, ATM(현금자동입출금기)에서 수수료 없이 이용 가능하고, 인터넷을 통해 가입하거나 다른 사람을 소개해 가입할 경우에도 추가 금리를 받을 수 있다. 어떤 금융기관은 여성관련 암을 보장해 주는 보험이나 강도 상해, 성범죄 피해를 보장해 주는 보험어 무료로 가입시켜 주거나 자녀의 인터넷 교육까지 무료로 해 준다. 결혼, 출산, 주택 구입 시 금리를 우대해 주는 통장도 있다.

여성의 경우, 본인이 서비스나 상품에 만족하면 다른 사람에게 그것을 소개할 확률이 남성보다 높다고 한다. 그래서인지 남성을 위한 통장은 찾아보기 힘들어도 자녀와 여성을 위한 금융상품은 생각보다 우리와 가까운 곳에 있다. 금리는 얹어 주고 수수료는 깎아 주면서 비상금 관리까지 되는 여성 전용 상품을 활용해 보자.

3. 여자만의
유전자를 즐겨라

여성들의 생활은 몹시 바쁘고 복잡하다. 여성의 사회진출이 늘어나면서 여성들은 사회생활과 가정생활을 동시에 책임져야 하는 1인 다역을 수행하게 된다. 특히 직장을 가진 주부들은 회사 업무 외에 쇼핑, 요리, 청소, 세탁, 육아, 집안 모임 주선 등 온갖 일을 모두 맡아 해야 하고, 그로 인해 엄청난 육체적, 시간적 어려움에 봉착하게 된다.

하지만 이런 어려움을 겪으면서도 실제로 잘 해내고 있는 많은 여성들을 보면 감탄만 나올 뿐이다. 여성들은 하고 있는 일을 멈추지 않으면서도 다른 일을 생각하고 할 수 있는 능력이 있다. 이 외에도 여성에게는 많은 장점들이 있다. 그런 장점들을 어떻게 활용할 수 있을까?

성공하는 여성들의 비결은 '사람'에게 있다

『클릭 이브 속으로』의 저자 팝콘 교수에 따르면, 여성은 본능적으로 서로 연결하기를 좋아한다고 한다. 따라서 여성들은 서로를 적극 연결시키고 그 연결된 커뮤니티를 더욱 확장해 나가는 것에 능숙하다.

예를 들어, 여성들은 1층에서 엘리베이터를 타고 목적지인 15층까지 올라가는 동안 옆에 있는 다른 여성과 인사를 하고 그 아이가 다니는 유치원의 교육 내용까지 이야기를 나눈다. 또한 친구가 어떤 물건을 새로 사려고 하면, 자기가 사용해 보고 좋았던 브랜드를 추천할 확률이 남성의 3배쯤 된다고 하니 여성에게는 연결성이 본능이라고 할 수 있겠다.

성공한 여자 부자들이 한결같이 이야기하는 것이 "사람이 가장 큰 재산"이라는 것이다. 3장의 Z씨의 경우에는 특히 자신의 삶과 연결된 모든 사람들이 자신의 사업 전선에 도움이 되고 있었고, 주부였던 G씨 역시 사람들로부터 들은 정보를 바탕으로 투자에 발을 내딛었다.

이처럼 성공에 있어서는 정보가 관건이므로 곳곳에 우군을 심어 두어야 한다. 아이들 교육에만 정보가 필요한 것이 아니다. 자녀를 둔 엄마들의 귀는 어떻게 교육 정보들을 얻을 수 있는가에 대해 안테나 같은 감각을 갖고 있다. 또한 어느 지역의 부동산이 뜨는지 알아내는 데에도 아줌마 치맛바람이 있다. 즉, 어떤 사람들과 관계를 맺느냐가 성공 여부를 결정지을 수 있는 것이다.

얼마 전 스승의 날에 유치원 다니는 아들을 데리고 예전에 다니던 놀이방에 다녀왔다. 선생님께 그동안 감사했음을 표현도 하고, 지금 이렇게 유치원에 잘 다니고 있다고 인사도 시키기 위해서였다. 선생님은 우리를 보더니 너무나 감사하다면서 재미있는 이야기를 하나 해 주셨다.

아들 녀석이 다니던 작년과 재작년에는 놀이방 아이들이 너무나 레고를 가지고 잘 놀았다고 한다. 하루 종일 레고로 성도 만들고 집도 만들고 총도 만들고 하면서 말이다. 그래서 모든 아이가 같이 동참할 수 있고, 창의력 계발에도 좋으니 놀이방에서 과감하게 이번에 레고를 2박스나 더 구입했다고 한다. 아이들이 충분히 갖고 놀기를 바라는 마음에서 말이다.

그러나 레고를 무척이나 좋아하고 하루 종일 갖고 놀던 우리 아들과 몇몇 친구들이 없어지면서 아이들은 더 이상 레고를 가지고 놀지 않는다고 한다. 즉, '어떤 친구들과 노느냐'에 따라서 '어떤 놀이를 하느냐'가 결정되었다는 것이다. 한 친구가 창의적으로 레고를 이용해 큰 성도 만들고 했을 때에는 레고 놀이를 안 하던 아이들까지 같이 그에 동참했지만 그런 친구들이 없어지면서 아무도 레고를 만들 생각을 안 한다 하니, 맹모가 아들을 위해 세 번이나 이사를 했던 것처럼 왜 친구들이 중요하고 사람이 중요하다는 것인지 다시 한 번 생각하게 하는 말씀이었다.

인적 네트워크는 우리의 경험과 관련이 있지만 다른 관점을 제공한다는 측면에서 상당히 유용하므로, 그것을 간과하거나 무시

take out   Espresso   coffee

하지 말고 발전시켜야 한다. 자신의 삶에서 관계를 발전시키기를 원한다면 부족한 관계뿐 아니라 현재 형성되어 있는 관계를 파악하고 평가를 해 보자. 현재 맺고 있는 인간 관계를 개선하고 새로운 관계 형성을 고려하여 네트워크의 수준 자체를 한 단계 높이라는 이야기이다.

물론 모든 사람을 친구로 삼을 수는 없다. 그리고 내가 모든 사람을 다 행복하게 만들어 줄 수도 없다. 그렇기에 사람을 사귀는 안목을 기르고 나의 네트워크 수준을 높일 필요가 있는 것이다.

워킹 우먼에겐 파트너십과 멘토가 필수적이다

'알파걸'은 남녀 성에 대한 고정관념과 이데올로기적인 그림자를 훌훌 벗어 던진 새로운 10대 여학생들을 일컫는 말이다. 이들은 여자아이들이지만 스스로 페미니스트가 되어야 할 필요를 느끼지 못한다. 이미 남자아이들을 넘어섰기 때문이다.

최근 미국에서 해마다 대학을 졸업하는 남자의 수가 100명이라면 여자는 그보다 많은 133명이라고 한다. 1990년대만 해도 심리학에서는 '여자아이들의 심리가 뒤죽박죽이며 자긍심도 낮고 자신감이 없으며 늘 걱정에 시달리고 자기 몸을 싫어한다'고 가르쳤다고 『알파걸』의 저자인 킨들러 교수는 말한다. 하지만 최근의 알파걸은 리더가 될 소질이 다분한 젊은 여성이고, 여자라는 점 때문에 제약을 받지도 않는다. 알파걸들은 먼저 인간이고 그 다음이 여자인 것이다.

하지만 한국의 워킹 우먼은 아직도 남성 위주의 사회에서 도전을 받고, 또 도전한다. 이런 현실 속에서 그녀들에게 가장 필요한 것은 바로 멘토이다. 조직 내에 멘토링 프로그램이 있다면 더할 나위 없을 것이고, 없다면 멘토를 적극 찾아나서야 한다. 꼭 직속 상관이 아니어도 되고 남자여도 상관없다. 그 관계에서 얻고자 하는 바, 그리고 희망하는 바는 분명하다. 자신의 길을 감에 있어서 큰 길에서 벗어나지 않고 앞으로 나아갈 수 있도록 지원해 주고, 격려해 주는 사람으로서 멘토는 반드시 필요하다. 멘토를 통해 작은 그릇에서 큰 그릇으로 거듭나고, 얼마나 잘 해내고 있는지 물어보고 피드백을 받고 지지를 받을 수 있어야 한다. 멘토와의 대화를 통해 자신의 길을 어둡게 하는 요소를 제거하면 좀 더 목표에 빨리 도달할 수 있다.

최근의 금융기관 입사자 중 우수 인재는 거의 여성이라고 하는데, 점수로만 채용한다면 여성이 70% 이상을 차지할 정도에 이른다 한다. 하지만 관리직 여성은 전체의 6%에 불과하다. 금융직원 중 책임자급이 여성인 경우는 나의 직장 내에서도 손에 꼽힌다. 그것을 반영하는 것일까. 현재의 금융권에 여성 최고 경영자는 한 명도 없다. 가장 앞서간다는 금융 직종임에도 불구하고 이 분야는 제조업만큼이나 계약직, 하위직에 여성이 더 많은 직종 중 하나에 속한다.

많은 여성들은 묵묵히 자기 일만 하면 된다는 생각을 가지고 있는 것 같다. 즉, 나에게 직접적인 이득이 없는 모임에 나가는 것은 손해라고 생각하여 네트워킹 또한 소홀히 하는 경향이 많다. 그러나 고위직으로 갈수록 네트워크와 리더십은 능력만큼 중요하게 인식된다. 사업을 하든 직장생활을 하든 인적 네트워크의 힘은 절대적이다. 남자들은 초등학교 동창부터 관리를 하고 사회적인 모임도 많이 만드는 반면, 여성들은 말 그대로 일만 한다. 여성들 스스로가 네트워크에 적극적으로 파고들어야 하는데도 말이다. 그룹이나 조직 내에서 네트워킹으로 서로 윈-윈 하는 마인드를 가져야 한다. 또한 성공의 척도로서 재능과 능력에 대해 커리어가 쌓였다면 다른 사람을 위한 멘토로서의 역할을 수행하는 것도 보람되고 유용한 일일 것이다.

가정과 직장은 양립할 수 있다

많은 여성들이 가사와 직장생활을 병행하는 것이 어렵다고 생각한다. 한때는 성공한 여성들이 가정을 위해 직장에서의 고위 직책이나 권한을 포기하는 것이 일반적이었다. 그러나 최근에는 이와 반대되는 사례가 나오고 있다.

『월스트리트 저널』과 갤럽이 공동으로 실시한 조사에 따르면 가족이 있는 여성 임원 중 3%만이 "가정이 직장생활에 방해가 된다"고 응답했다. 조사에 따르면 이들은 하위직에 있는 여성들보다 경제적으로 풍족하기 때문에 가사에 대한 부담에서 상대적으로 자유롭다고 한다. 고위직 여성은 높은 소득을 바탕으로 육아비용이나 가사 위탁 비용을 남들보다 더 많이 지출할 수 있기 때문이다. 또한 현재의 여성들은 단순히 경제적인 이유뿐만 아니라 자아 실현을 위해서 일터로 향한다. 이처럼 오늘날 여성 경제활동인구는 점차 증가하고 있다. 이에 따라 맞벌기 가정의 비중은 점점 늘어날 수밖에 없는 실정이다. 이런 상황에서 소득이 높은 고위직 여성이 자녀 양육이나 가사 문제에서 상대적 우위를 가지는 것은 당연하지 않을까.

우리나라에도 비슷한 설문결과가 있다. 중소기업청과 한국여성경제인협회의 합동 조사 결과, 여성 기업인이자 CEO의 86%는 여성이 기업활동을 하는 것이 "남성과 비슷하거나 유리하다"고 느끼고 있었다. 반면 "불리하다"고 인식하는 여성 기업인은 14%에 불과한 것으로 나타났다. 1998년 이후 "불리하다"는 생각은 계속해서 하락해 오고 있는 반면 "비슷하다"는 의견은 상승하는 추세로 보건대, 여성들의 활발한 경영활동으로 인하여 여성 사장이나 기업인에 대한 사회적 인식과 차별은 많이 사라진 것으로 보인다. 특히 여성이 기업 경영활동에 있어 유리한 점으로는 92.7%가 "세심하고 꼼꼼한 특성을 살려 소비자의 욕구를 파악하는 데 용이하다"는 것을 꼽았고, 불리한 점으로는 1)가사 및 자녀 양육의 병행(29%), 2)사회적 편견(28.8%), 3)남성 중심의 접대문화(21.7%) 등의 순으로 나타났다.

게다가 여성이 경영하는 회사의 부채 비율은 감소하였고, 자기

자본 비율은 증가했다. 여성 기업인이 안정성 면에서 양호한 성과를 내는 것이다. 특히 직접 창업하는 경우는 82.3%에 달해 여성의 사회진출이 활발하게 진행되는 것을 보여주고 있다. 이처럼 여성 기업인의 증가와 여성 사장의 등장은 우리 사회가 점차 '남성이냐 여성이냐'라는 성의 문제보다는 개개인의 능력을 중시하는 사회로 이행하고 있다는 것을 보여주는 예라고 할 수 있다.

물론 아직 현실적으로 고위층의 여성들이 아니고서는 일과 가정을 같이 양립해 가기가 어려운 것이 사실이다. "고급 구두일수록 가죽을 많이 두들겨서 만들고, 잔잔한 파도는 결코 노련한 해군을 만들지 못 한다"는 영국 속담도 있다. 그러므로 현실적인 워킹 맘, 워킹 우먼의 어려움이 해결되기 위해서는 사회 제도의 보완과 더불어 가정에서의 남편의 역할이 중요하다 하겠다. 여성이 사회적인 책임을 짊어지는 것처럼 남성들도 가정에서 충분한 제 역할을 할 수 있어야 할 것이다.

'잘 몰라요'를 위한 투자법

투자를 하든 재테크를 하든 뭔가 하긴 해야겠는데 망설이는 여성들이 많다. 모 여성신문의 설문조사에서 알 수 있듯이 아직까진 여성들에게 투자라는 개념이 그다지 가깝게 느껴지지 않는 것 같다. 종합주가지수가 1900을 넘어서도 여전히 예금에 의존하는 경향이 강하고 주식이라면 모른다고 고객만 절레절레 흔드는 여성들이 많다. 하지만 반드시 투자라고 해서 어렵고 리스크가 큰 것들만 있는 것은 아니다. 그리고 그렇게 리스크를 걸어야만 재테크가 되는 것도 아니다. 단지 잘 모르는 여성분들은 좀 천천히 가자. 단 하나 주의할 것! '묻지 마 투자'만큼은 하지 말자. 그렇게 해서 한 단계 한 단계를 밟아 가면 어떤 여성이든 성공할 수 있다.

얼마 전 J씨로부터 연락이 왔다. 요즘 시장의 방향이 조금씩 움직이고 있는데 내 생각은 어떠냐는 것이었다. 한참을 세미나 하듯 토론을 하고 나서야 그녀의 투자 방향을 변경하기로 결정했다. 주가연계증권이라고 부르는 ELS를 할 때도 그녀는 공모보다는 자신의 스타일대로 만들어 주길 바란다. 일반적으로 투자금액이 적으면 많은 사람들이 투자하는 모집 기간에 공모를 하고, 투자금액이 크다 보면 자신이 원하는 스타일로 만들어 주길 원하는 사람들은 사모로도 하는 것이다. 주식이 크게 상승할 것이라 생각한 그녀는 ELS의 구조를 이렇게 저렇게 변경해 줄 것까지 요구한다. 일반적으로 주식이면 주식, 부동산이면 부동산 하는 식으로 전공들이 있는 법인데 그녀는 주식뿐만 아니라 부동산 투자에서도 적잖이 수익을 향유한다. 투자 박사인 그녀, 금융기관의 PB를 한다는 사람들도 한수 배워야 할 그녀이지만, 과연 그녀라고 과연 처음부터 잘 했을까?

그녀는 친정이 잘사는 집안도 아니었고, 그렇다고 남편이 월등히 많은 월급을 가져온 것도 아니었다. 그렇게 월급을 갖고 오면 그녀는 일단 저축부터 했다. 월급의 얼마를 무조건 떼어서 적금을 붓고 나면 손에 얼마 안 떨어졌다. 아이들 교육비, 최소한의 생활비만 남겨두고 모조리 저축부터 한 것이다. 그 시절을 회상하는 그녀는 그땐 병원만 가면 빚을 져야 했다고 한다. 병원비도 보험이 안 되어서 비쌌고, 아이들 병원비는 감안하지 않고 모조리 저축을 해서 아이들이 아파 병원에 가면 옆집에서 빚을 내야 했단다. 병원비 빚이라고 가계부에 항목을 넣은 다음 달이면 그녀는 허리띠를 더욱 졸라매야 했다. 빚도 갚고 생활도 해야 하지만 저축도 꼬박꼬박 해야 한다는 강박관념 때문이었다.

그렇게 1, 2년씩 투자하다 보니 어느 정도의 목돈이 그녀의 손에 생겼다. 그래도 그렇게 어렵게 저축을 해서 모은 목돈은 그녀에게 또 다른 목표를 주었다. 그것으로 그녀는 계속 가슴 속에 고이 생각한 집을 샀다. 매일 그 집 앞을 지나다니며 그 집을 반드시 사고야 말겠다고 마음먹었는데 그 꿈을 드디어 이루었던 것이다. 아직도 그 집의 작은 정원을 회상하며 그녀는, 큰 집을 마음에 넣었을 때 그것은 이미 그녀의 집이었다고 말한다.

그리고 나서 시작한 것이 부동산과 주식투자였다. 아이들 키우면서 시간을 쪼개고 쪼개어서 열심히 투자라는 것을 배웠다. 지금은 재테크 책이라도 많지, 당시에는 책을 통해서 배울 수 있는 것이 없었다. 그냥 어깨 너머로 배운 것이 다였다. 실패할 때도 있었고 원금을 날리기도 했다. 그래도 주부인 그녀는 아직도 큰돈을 한꺼번에 투자하진 않는다. 작은 금액을 쪼개어 투자하고 모르면 아는 것부터 차근차근 확장해 나가면서 그녀는 위험한 선물투자까지도 해 봤다고 한다. 어쨌거나 투자 박사인 그녀의 시작은 별 것 아니었다. 저축을 하면서도 목표의식이 뚜렷했고 재테크를 해 보겠다는 의지가 확고했다는 것이다.

요즘 같이 재테크 책이 널리고도 널린 세상이 얼마나 좋냐고 그녀는 말한다. 그러니 아직까지도 겁먹고 투자를 모른다는 소리만 하는 많은 여성들에게는 "해 보지 않아서 그렇다"고밖에 말할 수 없다. 큰돈으로 투자하려고만 생각하지 말고 작은 돈으로 쪼개어서 투자해 보는 습관을 갖자.

부동산으로 큰 돈을 번 H씨는 펀드는 잘 모르시는 분이었다. 말 그대로 그녀는 투자라는 말보단 펀드라는 표현을 많이 썼다. 부동산에 투자할 땐 배짱도 두둑하신 분이신데 꼭 금융기관에만 오면 기가 죽는단다. 그녀에게 투자를 해 보자고 2년간을 졸라댔다. 100억대 부자인 그녀는 국내·해외펀드부터 시작해서 6개의 다양한 적립식 펀드에 가입했는데, 100억대 자산가라는 것이 무색할 정도로 그녀가 가입한 펀드들은 모두 50만 원짜리였다. 그녀는 그렇게 해서 1년간 수익률을 지켜봤고, 그러고 나서야 2억 원을 5개의 펀드로 쪼개어 분산 투자를 해 보기로 결정했다. 금융자산 100억대 부자가 2억 원을 5개 펀드로 나누었다고 하면 사실 좀 심하게 스케일이 작은 편이라고 할 수 있다. 그러나 그녀는 항상 작은 경험을 통해서 그것을 좀 더 크게 확장해 왔으니, 2억 원으로 1년 반 동안 분산 투자를 해 본 후에 금액을 더 크게 늘릴 예정이라고 했다. 그녀는 그만큼 신중한 성격이었고, 적어도 모르는 투자는 하지 않았다. 실패하기 싫어하는 그녀의 성격을 보여준다 하겠다.

정말 이야기하고 싶다. 모르면 모른다고 관심조차 두지 않을 것이 아니라, 제발 적어도 H씨만큼만 해 보자. 너무 오랜 시간이 걸린다 싶으면 공모주 관련 투자나 적립식 펀드 등 안정적인 투자로 접근해 보자.

여성들을 위한 재테크 강좌들

배워야 돈도 번다. 너무 뻔한 이야기이다. 그러기 위해서 책이나 동영상을 이용해서 공부하는 것도 좋고, 각종 세미나를 쫓아다니는 것도 도움이 된다.

가장 쉽게 접근 가능한 것이 바로 백화점의 문화센터이다. 일반적으로 백화점에서 하는 재테크 강좌는 내용이 쉽기 때문에 재테크를 전혀 몰라서 곤란한 사람들이 처음 단계로 밟기에 좋다. 무료로 강좌를 진행하는 곳도 많다. 예를 들어 전국투자자교육협회와 같은 곳은 여성 투자자를 상대로 증권 아카데미를 무료로 진행하고 있다. 최근에는 재테크 책과 연계해서 강의를 무료로 듣게 하거나 세미나를 하면서 재테크 책까지 제공하는 곳도 있다.

신문을 잘 살펴보면 증권사 또는 자체 영업지점에서 하는 투자를 위한 세미나나 특강 안내가 나와 있기도 하고, 자체 금융기관의 사이트에서는 가입만 하면 자세한 투자 교육 프로그램을 무료로 다운 받아 공부할 수도 있다. 이러한 프로그램들은 동영상 형태로 제작되어 있어 보거나 이해하기도 쉽다.

전국투자자교육협의회에서는 야심차게 온라인 무료 투자교육 프로그램인 '웰스 아카데미'를 만들었는데, 주몽 이야기의 배경인 고구려 시대를 바탕으로 총 15화에 걸친 이야기를 통해 자연스럽게 투자를 배울 수 있도록 구성되어 있다. 10개월의 제작기간과 1억 8천간 원의 자금이 이 프로그램에 투입되었다고 하니 온라인 동영상 강의 중 최고봉이라 해도 과언이 아니다. '재테크 공부를 시작해야지' 하고 막연하게 생각만 하고 있었다면 이 글을 읽는 순간 바로 컴퓨터를 켜서 '재테크 주몽'으로 자신을 한 단계 업그레이드 시키자.

스탠바이~ 액션!

4. 엄마 따라 저도 부자 될래요!

자산 관리 관련 업무를 하다 보면 '성공한 부모 밑에서 풍요롭게 사는 자녀'들이 부모님 돌아가시고 나서 상속재산을 잘 다루지 못한 것을 많이 본다. 부모의 수입으로 이들은 어려움 없이 좋은 조건에서 자라난다. 게다가 우리나라처럼 부모가 오랫동안 자녀들을 부양하는 곳은 매우 드물다. 자녀가 유치원에 들어가면서부터 초등학교, 중학교, 고등학교, 대학교, 거기에 유학과 대학원까지 기본적으로 부모의 돈이 들어가니 말이다.

최근에는 유치원에서 원생을 받을 때 아이의 아빠에 대해서는 묻지 않고 "할아버지는 뭐 하시는 분인가요?"라는 질문을 한다고 하니 결혼한 자녀의 자식, 즉 손자·손녀까지 부양하는 조부모 세대들도 무척이나 많다는 것을 알 수 있다. 이렇게 부를 세습한 자녀들은 소득과 상관없이 고소비를 하기 일쑤이다. 그들의 부모 세대가 세상을 뜬 후에는 상속자금을 까먹는 일만 남은 셈이다.

게다가 요즘은 교육비 부담이 매우 심각하다. 자녀의 교육비를 대고 자식에게 투자하느라 정작 자신들의 노후자금은 생각지도 않는 것이 우리네 부모들의 모습이다. 하지만 고기를 잡아 주지 말고 낚시하는 법을 가르쳐 주라고 했던가. 중요한 것은 아이들의 교육자금이 되었든 경제교육이 되었든, 어릴 때부터 아이에게 돈과 경제에 대한 명확한 가치관을 심어 주는 것이다. 그리고 그것은 바로 우리들의 몫이다. 자녀를 교육시키는 가장 첫 번째 단계는 부모가 자기 자신을 훈련하는 것이다.

초코우유 먹을래? 프랑스에 떼제베 타러 갈까?

얼마 전 "프랑스 TGV(떼제베) 시속 574.8km 세계 최고 기록 경신"이라는 작은 토막기사가 난 적이 있다. 아침 신문을 읽다가 한 귀퉁이에서 발견한 이 작은 기사가 내 눈에는 어찌나 크게 들어오던지, 그 기차 뉴스를 당장 2부 확대복사를 하고 신문도 구겨질세라 예쁘게 펴서 집에 들고 왔다. 기차를 무척이나 좋아하는 우리 다섯 살짜리 아이에게 너무나 좋은 선물이 될 것이기 때문이었다. '웬 뜬금없는 기차 이야기인가' 하겠지만, 바로 이 기차 이야기는 우리 아이를 위한 경제교육의 시초가 되었다.

최근 물질적 풍요 속에서 사는 젊은 세대들에 대한 비판과 함께 나타난 것이 '어린이 경제교육'이라는 말이고, 그에 따라 어린이 통장부터 시작해서 뮤지컬까지 속속 등장하고 있다. 부모는 아이에게 용돈 기입장을 쓰게 하고, 경제 관련 캠프에도 보내고, 여러 어린이 경제 사이트도 많이 보여 준다. 하지만 적립식 통장을 만든다 해도 부모가 알아서 넣어 주고, 비싼 돈을 들여서 뮤지컬을 보여 준다면 그것만으로 과연 경제교육이 제대로 이루어졌다고 할 수 있을까?

다섯 살배기 우리 아이는 처음에는 그 유명한 '토마스' 기차를 좋아했다. 아무래도 기차에 눈·코·입이 달려서 좋아하지 않았나 싶다. 그 다음에는 '기차'에 대한 관심을 갖기 시작했다. 그래서 기차와 관련된 책을 사 주었는데 거기에는 증기, 디젤, 전기, 고속 열차, 자기 부상 열차까지 기차란 기차는 역사의 흐름에 따라 다 들어 있었다. 그러면서 아이는 어디에선가 KTX 고속열차를 보고 왔고, 결국엔 KTX를 타러 가고야 말았다.

거기에서 끝인 줄 알았더니 이번엔 프랑스의 떼제베와 일본의 신칸센을 타러 가잔다. 못 갈 것은 뭐가 있겠니 하면서 아이에게 세계 지도를 펴 놓고 비행기나 배를 타고 그 나라까지 가야 하는데 그러려면 많은 돈이 있어야 한다고 말했다. 그러면서 "오케이! 이번 설날에 받을 용돈은 프랑스나 일본에 가기 위해 통장에 '모으고 모아서, 불리고 불려서', 기차 타러 가자"고 했다. 아이는 나의 시원한 대답이 좋았는지, 아니면 간다는 이야기가 좋았는지 하여간에 너무나 좋아했다.

그해 설날에 받은 용돈은 아이의 작은 지갑에 쏙쏙 들어왔고, 아이는 내게 "뿔려! 뿔려!"(우리 아이의 발음이다)라며 그것을 건넸다. 그리고 나는 그 돈으로 '일본' 관련 펀드와 '유럽' 관련 펀드에 가입했고, 아이에게 통장을 보여 주었다. 정확하게 '일본'이라는 글씨와 프랑스가 있는 '유럽'이라는, 통장에 찍힌 글자를 보여 주면서 한글도 가르쳤다.

얼마 전, 저녁에 아이가 자기가 좋아하는 초코우유를 사 달란다. 무심코 "그럼 떼제베 탈 수 있는 프랑스 가는 통장을 깨서 초코우유 사 먹을까?" 했더니 아이는 한참을 생각한다. 그러더니 그것만큼은 안 된다면서, 쬐끔 참아 보겠다 한다. 이만하면 아이에게 '돈'은 어떻게 쓰이는 것이고, '돈'은 여행이나 기타 자기가 원하는 것(기차 타 보기)을 할 수 있는 좋은 수단이 된다는 것쯤은 제대로 가르치고 있는 셈이다.

아이의 경제교육에 대해 너무 어렵게 생각하지 말자. 아이에게 동기 부여가 될 만한 것을 찾고 용돈 관리를 시키자. 어른이 주입식으로 용돈 기입장을 쓰게 할 것이 아니라 아이가 좋아하는 것들을 이루기 위해서 필요한 수단이 바로 돈이라는 것을 알려 주는, 동기 부여의 차원에서 시작해 보자. 말이 통한다면 장난감(기차)을 좋아하는 아주 어릴 적부터 말이다.

공짜로 미술관, 박물관 즐기기

최근 경제가 어렵다 해도 웬만한 가정에선 주말여행이나 외식을 쉽사리 포기하지 않는다. 전반적인 삶의 질을 추구하는 쪽으로 삶이 바뀌고 있다는 증거이다. 하지만 대부분의 가정의 경우 그러한 소비생활을 할 수 있는 수입원은 한정되어 있다. 이럴 때 가정 경제의 주도권을 가진 똑똑한 주부는 어떻게 주5일제의 주말을 돈 들이지 않고 즐길까?

40대 주부 김지민씨는 이번 놀토에는 공짜 문화 투어를 즐기고 왔다. 서울문화재단에서 서울 시민을 대상으로 서울 지역의 박물관·미술관 버스 투어 등 프로그램을 마련했기 때문이다. 그 외에도 넷째 토요일엔 자녀들과 함께 용산 국립박물관을 무료로 다녀왔다. 매월 둘째, 넷째 토요일엔 초·중·고등학생에게 무료이고, 어른도 넷째 토요일에는 공짜로 볼 수 있기 때문이다. 서울시립미술관, 서울역사박물관 등도 매달 넷째 일요일에는 입장료가 무료이다. 또한 덕수궁 미술관의 경우에는 미술 교양강좌를 무료로 진행하여 미술 자체를 배울 수도 있다.

미술관이나 박물관만이 아니다. 서울 경마공원에선 중학생 이상의 학생 및 일반인을 대상으로 승마를 무료로 가르쳐 준다. 물론 안전모와 면장갑 등은 본인이 부담해야 하지만 승마 자체가 고급 취미에 속하다 보니 수강료를 안 낸다는 매력 덕분에 그 정도는 크게 부담으로 느껴지지 않는다. 또 영어를 공짜로 배우고 싶다면 주미한국대사관 홈페이지에서 무료로 운영하는 'KORUS 영어강좌'를 활용해 봐도 좋을 것이다.

우리 아이에게 통장을 만들어 주어요 ▌

최근 시댁의 아가씨부터 시작해서 주변의 친구들, 선·후배들까지 전부 돌이라고 한창 연락이 왔다. 한동안은 결혼한다고 연락이 오더니 이제는 애들 낳아서 돌잔치 한다고들 하는 것을 보니 다 같이 늙어가나 보다 싶었다.

어쨌거나 돌잔치에 가서 보면 하나밖에 없는 내 아이를 위한 '추억 남기기'에 여념이 없다. 사진을 찍는 것은 당연하고 비디오도 촬영하고 풍선이다 이벤트다 해서 돌잔치마다 엄마 아빠의 온 사랑과 정성을 담뿍 담고 있다.

이러한 경조사에 빠질 수 없는 것이 선물과 축하금이다. 하객들로부터 받은 축하금을 무엇에 쓸까? 그냥 돌잔치 비용으로 제하고 말까? 낳고 나서는 '애를 어떻게 키워야 하나' 하는 막막함 때문에 아이 이름으로 통장까지 만들어 줄 여력은 안되는 것이 다반사이다. 하지만 돌잔치 이후부터는 돈과 금반지, 선물 등이 들어오면서 '이걸 어떻게 해야 하나' 고민이 되기 시작한다.

최근의 현실을 생각해 보자. 교육비 부담은 갈수록 늘어나는데, 교육보험 등은 인플레이션을 따라잡지 못하고 있는 실정이다. 물가 상승률보다 교육비 상승률이 더욱 높다고 하니 할 말 다했다.

얼마 전부터 어린이 펀드가 신문 지상에 떠돌고 나서는 자녀 명의로 계좌를 만들어서 일찍부터 금융교육을 시키자는 것은 의미가 있어 보인다. 최근 신용불량자의 50%가 20~30대라는 것은 심각한 사회 문제도 되기 때문이다. 교육 기간이 길어지고 게다가

유학까지 가게 될 경우라면 상황이 더욱 심각해진다. 결혼하면서 집 장만이다 뭐다 하면서 자녀의 뒷바라지 기간이 길어지는 최근의 추세를 생각해 보면, 그냥 아이만 떡하니 낳아 놓고 나서 "제 복은 제가 찾는 거야"라 말할 것은 아니다. 그러나 많은 부모들이 아이의 돈은 그냥 푼돈이거니 하고 부모의 주머니에 집어넣었다가 별것도 아닌 일로 써 버리는 일이 많고, 때로는 부모의 재산에 합쳐서 계산하기도 한다.

하지만 아이의 이름으로 일찍부터 통장을 만들어 주고 금융에 대해 가르치는 것은 부모로서 해야 할 일 중 하나이다. 아이의 이름으로 일찍부터 재산을 만들어 주고 그것을 통해 금융교육을 시킨다면 그것은 금상첨화일 것이다. 부자들은 일찍부터 이런 방법으로 아이의 재산을 만들어 준다고 하니 더욱 배워 볼 만할 것이다.

현명한 순이씨의 이야기를 들어 보자. 순이씨는 아이를 낳고 나서 부모님으로부터 받은 축하금부터 시작해서 백일, 돌잔치, 그 외의 작은 용돈까지도 일일이 다 모아서 아이 명의의 금융상품에 넣어 주고 있다.

"아이가 태어났을 때는 잘 몰랐어요. 하지만 출생과 함께 갑자기 생각지도 못한 돈이 주어졌죠. 부모님들과 친지 어르신들이 아기가 태어났다면서 축하금을 주시는 거예요. 그때는 갑작스럽게 생긴 우리 돈이라고 생각했어요. 하지만 곧 그렇지 않다고 생각을 고쳐먹었죠. 그것은 아이를 낳은 저를 위해서 주신 돈이 아니라 우리 아기더러 잘 자라라고 주신 돈이라는 점을 깨달았기 때문이에요. 그러니 우리 아기 이름으로 통장을 만들어 주고 싶어졌고, 우리 아기가 그 통장을 나중에 봤을 때 마치 후원회처럼 든든한 많은 분들이 자기를 사랑하고 있다는 뜻을 알기를 바랐죠. 게다가 티끌 모아 태산이라고, 그 돈이 우리 아이에게 그분들만큼이나 든든한 재원이 되면 더욱 좋고요.”

순이씨는 말 그대로 주민등록 등본을 갖고 금융기관을 찾아가 아이 이름으로 통장을 만들었다. 그리고 탄생 축하금으로 리츠 (REITs, 부동산투자신탁)에 가입했다. 리츠에서는 3개월에 한 번씩 8%대 수익률로 배당이 나올 것이다. 그리고 가입 금액 옆에 ‘탄생 축하금’이라고 쓰고 재원을 주신 분들의 이름을 기록해 두었다. 나중에 아이가 크면 반드시 감사해야 할 분들이기 때문이다.

그 다음 백일잔치 축하금으로는 템플턴 그로쓰 주식형 펀드에 가입했다. 펀드는 잘은 몰라도 앞으로 우리 아이가 컸을 때의 세상은 지금보다 훨씬 발전해 있을 것이고, 그러니 주식시장 또한 올라가 있을 거라 예상하고 장기적인 시각에서 가입했다. 물론 최근의 장이 많이 올라서 현재 수익률은 120%가 넘는다.

그리고 돌 축하금으로 들어온 돈은 장외주식을 사는 데 썼다. 물론 리스크는 크지만 리스크보다 수익률이 높을 것이라는 예상에서였다. 상장 시기는 많이 남아 있지만 오히려 아이의 이름으로 해 줄 수 있는 것은 리스크보다는 수익에 초점을 맞추는 것이 맞다는 생각에서였고, 특히 금융기관 직원이 “부자들도 아이들의 이름으로 수익이 크게 날 수 있는 것들에 일찍부터 투자한다”고 조언해 준 것에도 일리가 있다고 생각했다. 현재 장외에서 매도를 할 경우 30% 정도의 수익을 얻을 수 있다.

기타 아이 앞으로 조금씩 들어오는 1천 원, 5천 원, 1만 원도 순이씨는 허투루 쓰게 하지 않는다. 그녀는 아이 이름으로 적립식 적금에 들어서 그런 자투리 돈이 생길 때마다 넣어 준다. 그냥 엄마의 주머니 속으로 사라질 수 있는 그런 돈은 모이고 모여 현재 상당한 수익을 내고 있다. 물론 각각의 상품에 가입할 때마다 아이를 사랑해 주신 분들의 성함을 꼭꼭 적고 있다. 나중에 아이가 크면 이만큼 자신이 사랑을 받고 있는 존재였다는 것을 돌잔치 사진 못지않게 좋은 추억으로 간직할 수 있을 것이다.

순이씨의 방법 외에도 아이를 사랑하는 방식은 여러 가지일 수 있다. 하지만 분명한 것은 어떻게 내 아이를 사랑하는가는 단 한 번으로 끝날 돌잔치를 화려하게 해 주는 것에 달린 것이 아니라는 점이다. 그보다 더 중요한 것은 아이에게 돌잔치 후 무엇을 남길 것인가이다. 내 아이에게 순이씨처럼 예쁜 통장 하나 만들어 주러 지금 당장이라도 금융기관에 달려가자. 그리고 내 아이에게 그것이 금융교육의 시작임을 오늘 당장 선포하자.

어린이 펀드의 허와 실

최근 사교육비 부담은 증가하고 있는데 교육보험이나 아이들을 위해 들어 놓은 적금 등은 물가상승률을 따라잡지 못하고 있다. 게다가 놀이방—유치원—초등학교—중학교—고등학교—대학교(—대학원) 등 교육 기간은 길어졌고 더한 경우에는 이에 덧붙여 유학까지 가기도 한다.

이런 상황에서 일찍부터 청소년에 대한 금융교육의 필요성이 점차 대두되자 많은 금융기관에서 다양한 어린이 펀드를 출시하였다. 전용 펀드인 것처럼 보이는 어린이 펀드가 나오면서 부모들은 그것 하나면 아이에게 경제교육도 시킬 수 있고 교육비 자금도 마련해 줄 수 있다고 생각하는 것 같다. 그러나 자녀 명의로 계좌를 만들어서 자녀에게 금융교육을 일찍부터 시킨다는 것이 본래의 어린이 펀드의 포인트임에도 불구하고 실제로는 맛만 그럴듯한 '게맛살 펀드'에 그치는 경우가 많다.

국내에서 시판 중인 어린이 펀드의 장단점을 알아 보자.

첫째, 국내 주식형 펀드에 가입할 경우 주식 매매 차익은 비과세된다. 즉, 원금 대비 수익금에 대해서 비과세 혜택이 있는 것이다. 하지만 시중 어린이 펀드는 채권 비중이 높은 것이 대다수이다. 그렇다면 비과세 효과가 약할 수밖에 없다.

둘째, 미국의 529플랜, 영국의 Child Trust Fund 등의 펀드는 그것의 육성을 위해 정부가 보조를 한다거나 소득세 면제 혜택을 준다. 하지만 우리나라에서는 이미 주식 매매 차익에 대해서 비과세 혜택을 주고 있으므로 선진국과 같은 추가적인 세제 혜택은 없다.

셋째, 우리나라 어린이 펀드가 출시되면서 청소년 경제교육 프로그램이나 보험 등 어린이 눈높이 프로그램에도 참여할 수 있는 장점이 있다. 어찌 보면 금융권에서 일찌감치 장래 고객을 확보하는 차원의 마케팅이겠지만 그래도 이용할 필요는 있다.

그렇다면 자녀들을 위한 제대로 된 경제교육을 위해 어떤 것들을 기억해야 할까?

우선 어린이 펀드의 목적이 무엇인가가 중요하다. 이름만 그럴 듯한 어린이 펀드의 가입 여부가 중요한 것이 아니라 자녀에게 일찍부터 절약하는 습관부터 투자에 이르기까지 생활과 밀접한 금융교육을 시키는 것이 첫 번째 단계이다. 생활에서의 금융교육이 중요하다는 것은 결국 부모의 금융가치관이 중요하다는 이야기이다. 투자와 비용의 차이, 저축과 투자의 차이, 절약하는 경제습관 등과 관련된 교육이 펀드 가입보다 우선임을 잊지 말자. 그리고 이러한 금융교육과 투자는 되도록 일찍 시작하는 것이 좋다.

둘째, 국내 주식형 펀드에 가입해야 비과세 혜택을 본다. 시중에는 채권 비중이 높은 어린이 펀드가 상당수 있다. 그럴 경우 세제 혜택 효과가 떨어지는 만큼 레버리지 효과도 줄어든다.

셋째, 주식형 펀드의 경우에는 굳이 매월 규칙적으로 투자를 해야 할 필요가 없다. 물론 주식에 대해서 잘 모르는 사람이 주식형 펀드에 가입했을 경우에는 매월 정기적으로 투자해야겠지만 시황이나 타이밍에 따라 주식시장이 큰 폭으로 하락할 경우에는 더 많은 자금을 투여하는 것이 훨씬 이익이 될 수 있다는 이야기이다. 예를 들어 우리나라 종합주가지수가 20%가 하락하면 매월 투자금액을 20% 늘린다거나, 그것에서 다시 30% 하락하면 투자금액을 50% 늘린다든지 하는 식으로 투자금액을 조정함으로써 더욱 큰 수익률을 낼 수 있다.

넷째, 하나의 금융상품 선택으로 모든 것이 끝이라는 생각은 버리자. 굳이 하나의 펀드를 고집하지 않아도 된다. 아이를 교육시키기 위해서도 여러 금융상품 속에서 다양한 투자 대상을 고를 수 있는 능력을 키우는 것이 좋으니, 굳이 한 가지 펀드를 고집해야 할 이유는 없다.

다섯째, 가급적 내 아이와 관련된 자금들을 우선으로 만들어 주자.

부모들은 일반적으로 자신의 돈을 자식에게 그냥 주는 경우가 많다. 하지만 아이와 관련된 경조금이나 용돈을 모아서 그때그때 알맞게 금융상품에 가입해 준다면 나중에 커서 더욱 의미 있는 선물이 될 것이고, 그것을 알고 통장을 받은 자녀는 더욱 주변 친지분 등의 어르신들께 감사함을 느낌과 동시에 돈을 귀하게 여기게 될 것이다.

여섯째, 내 아이가 직접 매월 일정 금액을 투자하도록 교육한다. 가입할 때에도 아이와 동행하고, 금융기관에 가는 의의와 절차 등을 이야기해 주며, 직접 용돈을 입금해 보는 기회를 자주 만들어 주는 것도 필요하다.

여덟째, 리스크를 줄이기보다는 수익을 늘리는 것에 포커스를 맞춰라. 어린이펀드는 절대금액이 적으므로 투자하는 데 있어 심리적 부담감이 적다. 그러니 좀 더 수익률 창출에 초점을 맞추어 주식형 펀드, 장기적 안목의 주식매수, 장외주식 등도 투자의 대상으로 삼아 보자.

정규교육이나 학원 등등에는 교육비가 들지만 경제교육은 부모가 비용을 들이지 않고도 해 줄 수 있다. 좀더 일찍 시작할수록 아이의 경제 미래는 밝을 테니, 결국 그 미래는 바로 부모하기 나름이다.

5. 여자 생활 속의 재발견

피할 수 없다면, 즐겨라

키위새는 뉴질랜드를 대표하는 새이다. 천적이 없고 먹이가 풍부한 환경 때문에 땅 위에 정착하여 더 이상 날 필요가 없어졌기 때문에, 새이긴 하지만 키위새는 결국 날개가 퇴화되어 버렸다. 부리 끝에 콧구멍이 있어서 야간에 작은 곤충이나 벌레 또는 땅에 떨어진 과일을 찾기도 편하다. 하지간 뉴질랜드에 개나 족제비, 고양이 같은 살육성의 동물이 들어오면서 많은 키위새가 죽어 갔다. 특히 어린 키위새는 족제비의 집중적인 사냥감이 되었고 그 결과 엄청난 수의 키위새가 지상에서 사라졌다. 이렇게 환경이 바뀌자 키위새는 이제 동물원에서나 볼 수 있을 정도로 멸종 위기에 처하게 되었다.

이렇게 현실에 안주하여 멸종 위기에 처한 새가 있는가 하면, 사람에게 생각을 하게 하는 새도 있다. 언젠가 매에 대한 글을 읽은 적이 있는데, 하도 글이 좋아서 책상에 한참을 붙여 놓았던 기억이 있다.

장산곶 매는 40년을 살고 몸이 무거워지면 돌에 부리를 쪼아 빼낸다. 얼마나 아플까. 그렇게 해서 새로운 부리가 난다. 다음에는 그 부리로 40년을 써서 뭉툭해진 발톱과 깃털을 뽑아낸다. 그럼 새로운 발톱과 깃털이 생긴다. 이렇게 새로운 모습으로 변신한 매는 창공을 차고 올라가 30년을 더 산다고 한다. 키위새는 현실에 안주하여 그만 경쟁력을 잃고 말았지만, 장산곶 매는 새롭게 30년을 더 살기 위해서 변혁에 몸을 맡겨 완전히 새롭게 태어나는 것이다.

우리나라의 금융기관에서 두 자리 고금리를 주던 때가 아직도 엊그제만 같다. 하지만 이제는 완전히 저금리 체제로 돌아선 지 오래이다. 예전에는 분명 투자가 아니라 은행에 저축만 해 놓아도 돈이 되는 시대가 있었다. 하지만 지금 저축은 물가 대비 수익률을 마이너스화한다. 결국엔 물건을 사서 집에 두는 것이 저축하는 것보다 나은 결과가 되는 것이다. 그런 사회의 변화에 아랑곳하지 않고 아직도 저축에만 집중한다면 실패한 재테크가 될 것은 뻔한 노릇이다. 그러므로 고금리는 이제 잊어라! 과감하게 잊어야 한다. 그리고 투자로 돌아서라. 피할 수 없다면 즐기라고 했던가. 지금은 새로운 시작을 해야 할 때이다. 장산곶 매처럼 과감히 부리를 뽑고, 발톱과 깃털을 뽑아내는 변신을 할 것인가, 키위새처럼 쉽게 살다가 멸종 위기에 처할 것인가. 당신은 어느 쪽인가.

경제도 돈도 공부에서 시작된다

아이 둘을 둔 맞벌이 엄마 박정애씨는 이대로 가다가는 점점 아이들 교육비에 치여서 남편과의 노후 대비는 꿈도 못 꿀 것만 같았다. 남편은 사업 때문에, 자신은 직장 때문에, 산전후 휴가로 3개월씩 두 번 쉰 것 외에는 10년을 넘게 열심히 산다고 살았는데, 돌아보니 결국 애들이 크면 좁아질 32평짜리 집 한 채가 전부였다. 맞벌이를 하다 보니 은근슬쩍 새어 나가는 돈도 많고, 남편 또한 사업을 하는 사람이라 수입과 지출이 일정치가 않았다. 게다가 아이들의 교육비는 점점 더 많이 들어가고 돈을 떠나서 손도 많이 갔다.

그녀는 아침 일찍 남편과 아이들의 아침을 챙기고 애 하나는 놀이방에, 다른 하나는 유치원에 보내고 출근을 한다. 하루 종일 직장에서 일하다가 돌아오면 그녀에겐 '오늘 저녁에는 무슨 반찬에 무슨 찌개를 해야 할까' 하는 생각밖에 없다. 놀이방과 유치원에 들러 아이들을 데리고 집에 들어와 씻으면 7시 반이 훌쩍 넘으니, 그 시간에 밥을 해서 자신도 먹고 아이들도 먹이고 나면 9시에서 10시쯤이 되는 것은 당연지사이다. 아이들에게 책을 읽어 주기도

빠듯한데 그녀는 설거지에 짬짬이 집안 청소까지 하느라 시간적
으로 체력적으로 벅찬 하루하루를 보낸다.

이러한 그녀의 상황을 해결할 수 있는 방법은 무엇일까. 계속해
서 그녀는 직장생활만 하고 남편은 사업만 열심히 하면 언젠가 큰
소리치면서 살 날이 있을까. 물론 월급쟁이보다야 사업가를 해야
큰 돈을 벌 수 있는 확률이 더 높기도 하다. 하지만 그것에는 그만
큼 리스크도 따른다.

그녀에게 현실적으로 가장 필요한 것은 바로 재테크 공부이다.
어떻게든 상황을 좀 더 진전시키기 위해서 그녀는 더 많은 돈을
벌어야 한다. 그렇다고 두 개의 직장을 가질 수는 없는 노릇이다.
아이들까지 있으니 어떻게 해서든 그녀는 엄마 노릇까지 해내야
하기 때문이다. 엄마 노릇을 하는 것이 돈을 버는 일은 아니지만
그래도 아이들에게는 엄마라는 것 자체가 중요한 존재이니 소홀
히 여길 수는 없다.

수입을 늘리는 일에는 한계가 있다고 느낀 박정애씨는 큰 맘 먹
고 식기세척기를 하나 샀다. 갑자기 웬 식기세척기일까. 아이들과
조금이라도 더 저녁 시간을 같이 보내고 자기 시간도 약간은 내고
싶었기 때문이었다. 짬짬이 모은 시간이 더 금싸라기 같은 법이
다. 처음에는 '그냥 후딱 하면 되지' 하고 생각했던 설거지를 안
하게 되면서 그녀는 생각보다 많은 시간과 행복까지 벌었다고 생
각한다. 일을 마치고 아이들 픽업에 저녁까지 준비하고 나면 녹초
가 되는 그녀. 그리고 아침마다 바쁜 시간 속에서 설거지까지 마

치고 나오려면 전쟁이 따로 없었다. 그런 그녀에게 식기세척기는 저녁 먹은 것과 아침 먹은 것의 설거지를 해결해 주니 말 잘 듣는 청소 로봇 같은 존재이다.

그렇게 해서 벌게 된 네 식구의 설거지 시간을 그녀는 어떻게 활용할까. 아이들에게 책 두 권 읽어 줄 것을 네 권 읽어 주게 되고, 자신도 재테크 책을 짬짬이 볼 수 있게 되었으니 꽤 유용하게 시간을 이용하고 있다고 할 수 있다.

그렇게 시간을 얻는 법을 배운 그녀는 점심 시간도 그냥 지나치는 법이 없다. 점심 식사를 마치그 커피 한 잔을 뽑아든 그녀는 자신의 컴퓨터 앞으로 간다. 동영상 강의를 보기 위해서이다. 아침에도 조금 일찍 출근해서 자신이 등록한 인터넷 재테크 카페에 들어가 정보를 검색한다. 그러면서 조금씩 자신이 생겼다. 내일 점심 시간에는 회사 옆의 금융기관에 가서 카페에서 본 정보대로 펀드에 가입해 볼까 생각 중이다.

과거의 여성들이 재산의 의미를 '가족 공동의 것'이나 '아이를 위한 투자' 등에 두었다면, 최근의 젊은 여성들은 '개인의 인생을 좀 더 편하게 즐기게 해 주는 것'으로 재산을 인식하고 있다. 그 실상을 반영하듯 최근 나이 든 싱글 남녀들이 많아지면서 '못 생긴 여자는 용서해도 돈 없고 재테크 개념 없는 여성은 용서할 수 없다'는 말도 나오는 마당이니, 재테크는 이제 선택이 아닌 필수가 되었다. 박정애씨처럼 설거지는 식기세척기에 맡기고 그 시간에 경제공부를 하자. 시간은 내는 자에게 오는 법이다.

요즘 재테크는 알뜰살뜰하게 사는 것만으로는 부족하다 하니, 좀 더 남다르게 가정의 살림을 체크해 볼 필요가 있다. 재테크 사이트에 들어가 모든 수입과 비용을 일기처럼 적나라하게 올려놓은 모 주부의 이야기가 얼마 전에 화제였다. 너무나 개인적인 내용일 수도 있지만 그녀는 자신의 가정 살림이 제대로 돌아가고 있는가 하는 것에 대해 많은 사람들로부터 피드백을 받고 있다. 과연 본인이 이렇게 쓰고 있지만 더 좋은 방법은 없는지, 그리고 너무 지나치거나 과소 평가한 항목은 없는지 등등에 대해서 말이다.

그렇다고 개인적인 정보를 다 인터넷에 공개하라는 뜻은 아니다. 우리집의 씀씀이가 대략 어느 정도의 선인지, 평균과 비교해서 너무 과다 혹은 과소한 것인지 알고 싶은 마음은 살림을 하는 사람이라면 다 마찬가지일 것이다. 그럴 경우에 통계청(www.nso.go.kr)의 '우리집 씀씀이 체험하기'에 들어가 보면, 나와 같은 조건을 가진 대한민국 가계의 평균 살림살이를 항목별로 자세하게 볼 수 있다. 나의 씀씀이와 다른 집의 씀씀이를 비교할 수 있게 만든 것이다.

이제 자신이 어느 정도 선인지 알게 되었는가? 그렇다면 다음으로 한 달, 1년의 살림을 계획하고 그것대로 실행하는 습관을 기르자. 매달 월급을 받아서 나가는 곳을 전부 처리하고 나머지를 저축한다고 생각하는 여성은 항상 돈에 쪼들린다.

우선, 자신의 재테크 목표부터 먼저 설정하라. 몇 년 뒤에 얼마

라고 정해도 좋고, 재테크 초년생이라면 1년에 얼마라는 목표를 세워도 좋다. 일단 멀리 바라볼 수 있는 만큼 장기적으로 볼 수 있는 눈을 길러야 한다. 물론 이때 가정의 이벤트를 무시할 수는 없다. 부부의 나이와 은퇴 나이, 혹은 자녀의 나이와 관련된 학비나 기타 비용 등을 고려해 볼 수 있을 것이다. 자녀의 결혼과 집 장만 등도 큰 카테고리가 된다. 이렇듯 장기적인 목표를 라이프 사이클에 맞게 설정한다.

그리고 올해 1년의 목표를 세운다. 재테크 목표가 설정되고 나면 그에 맞는 지출 계획을 세우고, 그해에 있을 이벤트를 확인한다. 부모님의 환갑이나 이사 계획, 자녀의 탄생이 있을 수 있고 추가적인 학비가 들어갈 수도 있다. 이렇게 반드시 필요한 항목부터 정해 놓고 매달 평균 지출액을 더하면 1년치가 완성된다.

그리고 한 달치 플랜을 짠다. 장기적인 목표를 위해서 이번 달에는 얼마를 저축할지, 그리고 지출 내역 중에서 줄여야 할 것은 무엇이고 고려해야 할 것에는 무엇이 있는지 확인한다. 장기 목표나 1년치 목표는 반기나 분기마다 한 번씩 확인하고, 한 달치 플랜만 매달 점검하면 된다. 지난 달에 생각지 못한 의류비나 외식비 지출이 많았다면 달력이나 눈에 잘 보이는 냉장고 같은 곳에 "이번 달에 의류비는 없다. 외식비를 줄이자"라고 한 마디쯤 붙여 놓아도 주의가 환기될 것이다.

이렇게까지 하는데도 점점 더 나아지지 않을 가정이나 여성은 없다. 하다가 중간에 포기하기 때문에 어려운 것이다. 그럴수록 옆집이 땅을 사서 배가 아파 오기를 부리든, 아니면 좋아하는 해외 여행을 목표로 걸어서든, 가정 경제 계획을 실천해야 하는 명확한 목표의식과 동기 부여를 다시 한 번 새롭게 해야 한다.

노후설계로 제2막을 준비하자

통계청의 발표에 의하면 2003년 현재 남자의 평균 수명은 73.9세, 여자는 80.8세이다. 인간이 100세까지 생을 누리고 싶어 하던 소망이 불로장생의 묘약에 의해서가 아니라 현대의학의 발전으로 가능해졌다. 따라서 예전에는 보험을 가입할 때 가장 큰 위험이 조기 사망이었지만, 이제는 오래 사는 것도 위험이다. 이 상태로 진행될 경우, 지금의 30대는 100세까지 산다는 결론이 나온다. 그렇다면 정년 55세에서 100세까지 45년을, 우리는 무엇을 하면서 살 것인가? 그리고 그 삶을 충당할 생활비는 어떻게 마련할 것인가? 이런 생각들을 하다 보면 고민스러울 수밖에 없다.

아마 55세 정년 이후에도 계속 고민될 부분은 자녀의 교육비나 결혼 비용까지도 고스란히 부모의 부담으로 남아 있을 가능성이 높다는 사실일 것이다. 또한 부부가 늙어 병이라도 걸리면 핵가족과 맞벌이 시대라 돌봐줄 사람이 없으니 간호비까지도 의료비에 추가해야 할 것이다. 하지만 일반적으로 정년퇴직을 하면 연금 외에는 더 이상의 소득 구조가 발생하기 어려우니, 은퇴 이후의 삶을 생각해 보면 지금부터 조심스러워질 수밖에 없다. 게다가 여성의 경우는 남성보다 수명이 길기 때문에 남편이 죽고 난 이후의 삶 또한 그대로 불행하게 방치되어 있는 경우가 많다.

이러한 은퇴 이후의 삶을 과연 대한민국의 국민연금이 감당해 낼 수 있겠는가. 선진국들도 현재 연금이 고갈되어 가고 있는 상태인 것을 보면, 고령화 사회에 접어들어 젊은이보다는 늙은이가 늘어날 시대에는 국민연금만으로는 은퇴 전의 생활 수준을 유지하기 어려울 것이라는 점을 쉬이 추정해 볼 수 있다.

우선 은퇴 자금 마련을 위해서 무엇을 먼저 고려해야 하는지 생각해 보자.

첫째, 더 이상의 고금리는 없다는 것을 인식하자. 충분한 은퇴 자금을 마련하기 위해서 빠듯한 생활비를 더욱 빠듯하게 줄이는 것은 어려울 것이다. 그러다 보니 더욱 좋은 금리를 찾기 마련이지만 IMF 시기를 이미 거친 한국에서는 더 이상의 고금리를 기대하기가 어렵다. 그러므로 물가상승률보다 지나치게 낮은 저금리 저축성 상품으로 노후 생활비를 대비한다는 것은 어렵다. 따라서 지금부터라도 투자 상품에 눈을 돌려야 한다.

둘째, 급증하는 사교육비의 부담은 은퇴 이후의 생활을 어렵게 만드는 주요 요인 중 한 가지이므로, 합리적으로 자녀의 교육자금을 마련하겠다는 태도가 필요하다. 더불어 자녀 교육비 못지않게 중요한 것이 부부의 노후 자금이라는 사실을 인식해야 한다.

셋째, 부동산에 대해서 다시 한 번 생각해 보자. 선진국들도 부동산 경기하락을 경험했다. 우리나라에서는 현재 역사적으로 이

례적인 부동산 호황이 이어지고 있다. 그러므로 부동산 가격 하락 위험에 대해서 지금부터는 대비할 수 있어야 한다. 즉, 부동산 경기의 침체에 따라 제때 매각하지 못 하면 노후 생활 자체가 심각한 타격을 받을 수 있다. 그러므로 노후 생활비의 소득원을 부동산 하나로 할 것이 아니라 다양화해야 할 필요가 있다.

넷째, 은퇴를 준비하면서 상속에 대한 고민도 같이 해 보자. 상속이라는 것은 부를 이전하는 수단뿐만 아니라 부모에 대한 명예를 이어 나가게 하는 방법일 수도 있으므로 같이 준비하는 것이 좋다.

노후를 준비한다는 것은 노후 생활로 들어가는 첫걸음만이 아니다. 즉, 은퇴를 준비한다는 것 자체가 제2의 인생을 준비하는 것이다. 또한 100세까지 산다고 보고 인생을 준비하는 마음에서 일찍 준비해야 더욱 유리한 입지를 점하게 된다.

노후 자금 마련을 위해서 고려해야 할 것이 있는데, 어떤 것이 바로 노후를 위한 자금일까 하는 점이 바로 그것이다.

- 부부의 생존 기간 동안 필요한 생활비
- 남편/부인 사망 전 의료비 + 간호비
- 남편 사별 후 부인 생존 기간에 필요한 생활비
- 물가 상승률, 투자 수익률
- 은퇴 시점, 은퇴 후 생활비
- 투자 성향
- 재산 상태 점검

위와 같은 것들이 노후 자금 마련을 위해 체크해야 할 요소들이다. 즉, 이러한 것들에 대한 점검이 먼저 이루어져야 투자를 시작할 수 있다. 자기를 알고 적을 알면 백전백승이듯이 은퇴 준비에서 또한 자기를 알고 경제를 알면 백전백승할 수 있다.

이러한 것들을 우선적으로 알고 나면 채권, 주식, 부동산 등의 투자 비중을 결정해야 한다. 하지만 확정금리부 상품처럼 안정성이 높은 상품은 은퇴 자금으로 적합하지 않다. 고물가 저금리 시대이므로 이러한 상품을 통해서는 충분한 은퇴 자금을 마련하기가 어렵기 때문이다. 따라서 기대 수익률이 충분히 높은 자산에 투자해야 노후 대비가 가능하다고 본다.

둘째, 장기간 운용될 수 있는 상품을 선택한다. 즉, 은퇴 자금 마련은 1~2년처럼 단기간에 걸쳐 이르어 낼 수 있는 프로젝트가 아니다. 장기적인 시각을 갖고 투자해야 노후 생활을 통제할 수 있으므로, 연금 지급이 가능한 상품을 주로 이용해 보자.

셋째, 노후 설계가 가능한 전문가를 찾아야 한다. 무분별하게 쏟아지는 정보에 기대어 투자할 금융상품을 스스로 찾으려고 노력하기보다는 차라리 믿을 수 있는 전문가를 찾고 인생의 계획을 함께 세우는 것이 더 효율적이다.

넷째, 노후에 비재무적으로 필요한 것은 일, 배우자, 친구, 취미, 봉사, 종교 등이다. "은퇴 이후의 삶은 돈만 갖고는 안 된다"고들 이야기한다. 요즘은 은퇴한 이후라 해도 생각보다 젊은 활동력이 있는 나이들이라 경로원을 찾게 되지 않는다고 한다. 그러므로 비재무적인 요소들까지도 노후 준비 시 고려해야 한다.

　마지막으로, 은퇴 자금을 마련하기 위한 투자 포트폴리오는 개인의 성향이나 연령에 따라 다를 수 있지만, 가장 중요한 것은 바로 지금 당장 시작하는 것임을 잊지 말자. 이자의 이자가 붙는 복리라는 막강한 세월의 힘을 안다면 지금 당장부터 은퇴 준비를 하는 것이 최선의 방법임을 알 수 있을 것이다.

작은 돈이라고 창피해하지 마라! 티끌 모아 태산 된 부자는 많다

가. 고금리 + 현금카드 + 주식과 펀드까지 CMA 활용은 기본이다

매달 월급통장에 드나드는 돈은 수십만 원에서 수백만 원에 이른다. 그러나 월급통장에 두었다고 해서 돈을 모으는 중이라고 생각하지는 말자.

증권사 계좌인 CMA는 통장에 들어 있는 돈을 지속적으로 환매조건부채권(RP)나 머니 마켓 펀드(MMF)로 운용한다. 따라서 원금을 손해 볼 가능성이 적으면서도 연 4%대의 높은 금리를 기대해 볼 수 있다. 은행의 일반 급여이체 통장의 이율(연 0.1% 내외)에 비해 훨씬 높은 이자이다. 매달 500만 원씩만 평균 잔액이 유지된다면 1년에 세전 20만 원 정도를 버는 셈이니 말이다.

게다가 최근에는 신용카드 결제계좌로 쓰지 못하는 불편함을 없애기 위해서 체크카드와 제휴하는 CMA계좌도 등장하고 있다. 그러면서 CMA를 결제계좌로 사용하고 CMA에서 돈을 인출하는 현금카드도 쓸 수 있어서 여러 모로 유용하다. 연회비도 없는 체크카드는 신용카드와 마찬가지로 소득공제가 될 뿐 아니라 잔고 내에서만 결제가 되기 때문에 할부나 현금서비스 등 돈도 없으면서 돈을 쓰는 마이너스 인생으로 가지 않게 한다. 게다가 주유 시 마일리지 적립, 포인트 적립, 영화 할인, 경기장 및 공연장 할인, 무료 보험 가입 등 각종 멤버십 혜택은 신용카드 못지않게 많이 제공한다.

어느 집이나 필요한 것 같아 샀는데도 1~2년씩 안 쓰는 물건들이 꼭 있게 마련이다. 분리수거 하는 날 아파트 단지에 보면 참 다양한 물건이 나온다 싶다. 아이들 자전거며 장난감부터 시작해서 오래되어 못 쓰는 장롱까지 그 종류가 각양각색이다. 괜찮은 물건은 주워서 쓰기도 하고, 영 시원치 않은 것은 결국 고물이 되어 나간다.

그렇게 버려진 몇몇 물건들을 고이 집에 가지고 와 자르고 페인트칠까지 새로 해서 전혀 다른 집안 살림과 작품으로 태어나는 물건들을 간혹 인터넷에서 보기도 한다. 완전히 다른 형태로 거듭나면서 새 살림보다 더 멋지게 집안을 장식하는 인테리어 전문가들은 최근 새로 나타난 여성 살림꾼들의 모습 중의 하나이다.

시댁과 함께 사는 30세 주부 민영씨는 좀 더 다른 방식으로 돈을 번다. 무엇인가를 꾸미는 데에는 소질이 없는 그녀이지만 '버림의 기술'에서만큼은 남다르다. 가전제품이나 가구, 생활 잡화까지 그녀의 살림살이 중 그냥 버려지는 것은 없다. 일단 그녀는 팔아 본다. 안 쓰는 휴대전화도 팔고, 아이들이 자라면서 더 이상 읽지 않는 책들은 도서관에 기증하거나 인터넷 중고 책방에 판다. 갖고 놀지 않는 장난감이나 유아용품도 아기 엄마들이 주로 쇼핑하는 쇼핑몰 직거래 장터에 올려 놓는다. 이렇게 이메일이나 인터넷으로 팔아 모인 돈들은 아이들의 새로운 책값으로 나가고 짬짬이 용돈도 되어 일석이조의 효과를 본다고 한다.

다. 경품 재테크는 뭐냐고요?

그렇게 매번 인터넷을 들락날락하면서 물건을 파는 민영씨는 경품에 있어서도 달인 수준이다. 여기저기 아이들 육아와 교육 관련 사이트를 전전하면서 정보를 얻고 물건도 팔다 보니 회원가입만 해도 아이들 책을 경품으로 보내 주거나 그 외의 생활 사이트에서 살림살이를 마련하는 경우도 있었다. 특히 출판사의 경우는 샘플북이라고 해서, 읽고 난 뒤 서평을 올리면 추첨을 통해 전집을 주는 경우도 있다. 처음에는 서평을 쓰는 일이 어렵게 느껴졌지만 아이들의 교육에 관심 있는 엄마이다 보니 엄마의 눈과 아이의 눈으로 바라본 책에 대한 특징을 글로 쓰는 일이 마냥 어렵지만은 않았다.

이 외에도 다양한 경품 이벤트에 대해 소개하는 전문 사이트도 있으므로 가정 경제의 부담을 덜고자 적극적으로 나서는 우리의 살림 도사들은 오늘도 부지런히 정보를 수집한다.

한국의
여자 부자들

초판 인쇄 | 2007년 8월 14일
초판 발행 | 2007년 8월 20일

지은이 | 한 정
펴낸이 | 심만수
펴낸곳 | (주)살림출판사
출판등록 | 1989년 11월 1일 제9-210호

주소 | 413-756 경기도 파주시 교하읍 문발리 파주출판도시 522-2
전화 | 031)955-1350   기획·편집 | 031)955-1373
팩스 | 031)955-1355
이메일 | salleem@chol.com
홈페이지 | http://www.sallimbooks.com

ISBN 978-89-522-0689-3 03320

값 12,000원